Sebastian Moll

Warum wir am besten das Atmen einstellen sollten und andere Erkenntnisse aus dem Jetzt.

adeo

Mit Cartoons von Thomas Plaßmann

WISSEN SIE EIGENTLICH, WAS SIE HIER SO AN CO_2...
DAFÜR FAHRE ICH ZUM BÄCKER IMMER MIT DEM RAD!
T. PLAßMANN

„Und er sprach als seine Meinung aus,
dass jeder, der zwei Kornähren oder
zwei Grashalme auf einem Fleckchen
Erde zum Wachsen brächte,
wo früher nur einer wuchs,
sich mehr um die Menschheit verdient mache
und seinem Lande einen wichtigeren
Dienst erweise als das ganze Gezücht
der Politiker zusammen genommen.“

Jonathan Swift, Gullivers Reisen

Inhalt

Vorwort

Dies ist ein Buch über Öko-Irrtümer – aber nicht nur. Andere vor mir haben sich dieses Themas bereits in verdienstvoller Weise angenommen. Doch habe ich das Gefühl, dass diese Form der Betrachtung einen toten Punkt erreicht hat. Das Aufklären von Missständen und Fehlern ist wichtig, aber noch wichtiger ist es, diesen etwas Positives entgegenzusetzen. Es hilft wenig, einen Acker zu pflügen, ohne etwas Neues darauf zu säen.

Grundsätzlich habe ich nichts dagegen, dass wir unser Leben an ökologischen Maßstäben orientieren, im Gegenteil: Ich möchte die Besinnung auf die Ökologie als eine revolutionäre Errungenschaft unseres Zeitalters bezeichnen. Doch wie bei jeder Revolution kann es vorkommen, dass diese dazu übergeht, ihre eigenen Kinder zu fressen. Diesem Vorgang nähern wir uns mit bedrohlicher Geschwindigkeit. In der aktuellen Umweltdebatte wird der Mensch oft leider nur noch als Produzent von Kohlenstoffdioxid wahrgenommen. Gelegentlich möchte man besorgt fragen: Wie lange wird uns das Atmen wohl noch erlaubt bleiben? Der Mensch wird mehr und mehr zum Feindbild der ökologischen Bewegung – und genau diesen Prozess gilt es zu stoppen! Mit diesem Buch möchte ich Sie mitnehmen auf einen Weg zu einem positiveren Menschenbild. Niemand hat dieses notwendige Umdenken in jüngster Zeit prägnanter zum Ausdruck gebracht als Papst Benedikt XVI. bei seiner Rede im Deutschen Bundestag:

„Wenn in unserem Umgang mit der Wirklichkeit etwas nicht stimmt, dann müssen wir alle ernstlich über das Ganze nachdenken und sind alle auf die Frage nach den Grundlagen unserer Kultur überhaupt verwiesen. Die Bedeutung der Ökologie ist inzwischen unbestritten. Wir müssen auf die Sprache der Natur hören und entsprechend antworten. Ich möchte aber nachdrücklich einen Punkt

noch ansprechen, der nach wie vor weitgehend ausgeklammert wird: Es gibt auch eine Ökologie des Menschen. Auch der Mensch hat eine Natur, die er achten muss und die er nicht beliebig manipulieren kann. "

Diesen Gedanken gilt es weiterzudenken. Wenn Sie dazu Lust haben, blättern Sie bitte um.

Im Club der Nicht-Tuer

Ich habe mich immer gefragt, was Atheisten bei ihren Versammlungen eigentlich so machen. Wenn sich Christen am Sonntagmorgen in der Kirche treffen, dann feiern sie gemeinsam Gottesdienst. Sie beten gemeinsam, singen gemeinsam, glauben gemeinsam. Der Atheist definiert sich bekanntlich dadurch, dass er *nicht* glaubt. Beim Stammtischtreffen der Konfessionslosen und Atheisten (das gibt es wirklich!) kommen also Leute zusammen, um gemeinsam *nicht* zu glauben. Für mich ist das ungefähr so, als gäbe es einen Verein der Nicht-Fußballspieler, die sich einmal die Woche treffen, um gemeinsam *nicht* Fußball zu spielen.

Würde sich dieses Phänomen allein auf die überschaubare Gruppe des organisierten Atheismus beschränken, wäre es wohl nicht mehr als eine Spitzfindigkeit. Aber gehen wir doch einmal weiter zu einer anderen, immer einflussreicher werdenden Gruppe: den Vegetariern. Auch hier ergibt sich die Selbstdefinition aus einem Nicht-Tun heraus: Ein Vegetarier isst *kein* Fleisch. Die Steigerung davon ist dann der Veganer, der weder Fleisch noch sonstige tierische Produkte (Eier, Milch etc.) zu sich nimmt, der den Vegetarier also dadurch übertrifft, dass er *noch mehr* nicht tut. Unvergessen ist für mich die Parodie eines Veganers bei den *Simpsons*, der stolz bekennt: „Ich bin ein Veganer Stufe 5. Ich esse nichts, was einen Schatten wirft." Bitte fragen Sie mich jetzt nicht, was solche Leute bei ihren Treffen tun.

Im Grunde könnte es uns ja ziemlich egal sein, wie andere Leute ihre Freizeit verbringen. Ich persönlich verstehe zum Beispiel auch nicht, wie sich jemand mehrere Stunden in einem Schuhgeschäft aufhalten kann, ohne einen Nervenzusammenbruch zu bekommen, aber ich sage: Jeder nach seiner Façon. Bei den zuvor beschriebenen Gruppierungen bin ich deswegen ein wenig besorgt, weil sich ihre Einstellung zumeist mit einem starken Gefühl intellektueller und/oder moralischer Überlegenheit verbindet – worin ich im Übrigen auch den eigentlichen Grund für die genannten Zusammenkünfte vermute. Es tut einfach gut, sich von der Masse abzuheben und sich seine eigene Überlegenheit von anderen bestätigen zu lassen.

Hier beginnt aber nun die eigentliche Problematik. Unsere Gesellschaft ist zunehmend dabei, das Nicht-Tun zum höchsten ethischen Prinzip zu erheben. Dies gilt insbesondere für die ökologische Ethik. Die ganze Ideologie des Nicht-Tuns offenbart sich in dem Schlagwort „CO_2-Fußabdruck". Dieser Begriff bezeichnet die Menge von Kohlendioxid, die eine Person ausstößt, direkt oder indirekt. Die ethische Formel ist dabei denkbar einfach: Je kleiner mein CO_2-Fußabdruck ist, desto besser bin ich. Dummerweise stößt der Mensch bereits beim Atmen Kohlenstoffdioxid aus. Ich warte auf den Tag, an dem man uns davon abraten wird, Sport zu treiben, weil man dabei heftiger atmet. Sie lachen? Man hat bereits versucht, das Pupsen von Kühen zu besteuern, weil ihre „Abgase" Methan enthalten. Außerdem hätte das Sportverbot gleich einen doppelt positiven Effekt auf die Klimaentwicklung: Wir würden früher sterben und somit noch weniger CO_2 produzieren.

Nahezu alle Errungenschaften der modernen Zivilisation haben den Ausstoß von CO_2 zur Folge. Selbst scheinbar unschuldige Dinge wie ein abendliches Bier in der Kneipe werden mit einem Mal verwerflich. Die Zutaten müssen geerntet bzw. hergestellt, Wasser muss erhitzt, das fertige Produkt an die Kneipe geliefert werden – all das verbraucht Energie. Außerdem führt der Genuss von Bier dazu, dass man einige Zeit später die Toilette aufsuchen muss. Die Spülung verbraucht Wasser! Der elektrische Händetrockner verbraucht Strom! Für das nicht elektrische Abtrocknen der Hände mussten Wälder gerodet

werden. Sie benutzen recyceltes Papier? Das musste ja auch irgendwie hergestellt werden, wobei vermutlich Energie verbraucht wurde. Sie ahnen es schon, der einzige Weg, diesem Teufelskreis zu entkommen, lautet *nichts tun* – und das am besten in einem dunklen, ungeheizten Raum.

Vor allem das Wassersparen ist zu einer Art Volkssport geworden, von der Spartaste bei der Toilettenspülung bis hin zum Wannenbad, das ohnehin nur etwas für dekadente Pharaoninnen ist. Unser exzessiver Wasserverbrauch wird uns am laufenden Band um die Ohren gehauen, zum Beispiel von wohlwollenden Menschen wie Ruth Matthews, Dozentin für Wasserbau an der Universität Twente (Niederlande). Nebenbei ist Matthews noch Leiterin des *WaterFootprint Network*. Nach den Erläuterungen über den CO_2-Fußabdruck können Sie sich sicher vorstellen, was sich dahinter verbirgt. Dieses Institut schätzt den durchschnittlichen globalen Wasserverbrauch auf 1385 m³ pro Person und Jahr. Sie ahnen es bereits, der durchschnittliche Verbrauch in Deutschland liegt um einiges höher – und dafür sollten wir uns schämen, so lautet die unterschwellige Botschaft. Warum, das weiß der liebe Gott, denn Deutschland ist nun einmal reich mit Wasser gesegnet. Immer wieder kriegen wir zu hören, wir hätten keine natürlichen Ressourcen. Das ist aber nur die halbe Wahrheit. Deutschland verfügt über hervorragendes Ackerland und leidet selten unter Regenmangel. Diesen Umstand gilt es möglichst effektiv zu nutzen, er könnte uns in Zukunft einen entscheidenden Vorteil im globalen Wettbewerb sichern. Schämen müssen wir uns dafür nicht. Wir haben dieses Wasser anderen Regionen weder weggenommen noch sonst irgendwie unrechtmäßig erworben. Ebenso wenig gibt es irgendeine realistische Möglichkeit, unser deutsches Wasser per Leitung in die Sahelzone zu transportieren.

Wer allerdings meint, derartige Denkmuster seien eine Erfindung unserer modernen Gesellschaft, der irrt. Bereits in biblischen Zeiten finden wir diese Geisteshaltung. Natürlich machte man sich damals keine Sorgen über pupsende Kühe oder die Nichtschwimmer unter den Eisbären. Aber es gab bereits eine Gruppe von Leuten, deren oberstes moralisches Gesetz darin bestand, bestimmte Dinge *nicht* zu tun. Und es gab damals schon jemanden, der sie auf die Unsinnigkeit dieser Haltung hingewiesen hat. Betrachten wir dazu eine Stelle aus dem Matthäusevangelium (12,9–14):

„Nach diesen Worten ging er weiter und kam in ihre Synagoge. Dort war ein Mann mit einer verkrüppelten Hand. Die Pharisäer fragten ihn: ‚Erlaubt das Gesetz Gottes, am Sabbat zu heilen?' Sie suchten damit einen Vorwand, um Anklage gegen ihn zu erheben. Jesus antwortet: ‚Wenn je-

mand von euch nur ein einziges Schaf besitzt, und das fällt am Sabbat in den Brunnen, wird er es nicht sofort herausholen? Und ein Mensch ist doch viel mehr wert als ein Schaf! Also ist es erlaubt, am Sabbat Gutes zu tun!' Dann forderte er den Mann auf: ,Streck deine Hand aus!' Er streckte sie aus, und die Hand war gesund. Da verließen die Pharisäer die Synagoge und berieten, wie sie Jesus töten könnten."

Der Macher landet am Kreuz. Das ist eine der Lehren des Evangeliums. Vielleicht nicht die wichtigste, aber die menschlichste. In dieser kleinen Geschichte offenbart sich der Dauerkonflikt zwischen Jesus und den Pharisäern. Letztlich dreht sich dieser immer um die jüdische Kultpraxis, welche den Pharisäern über alles geht. Die Befolgung der Regeln äußert sich ausschließlich im Nicht-Tun: kein Umgang mit unreinen Menschen, keine Arbeit am Sabbat, keine unreinen Speisen etc. Jesus bricht diese Gebote bewusst, aber nicht leichtfertig. Er stellt den Sinn der jüdischen Tradition nicht grundsätzlich infrage, ist aber davon überzeugt, dass die Regeln nicht über dem Wohl des Menschen stehen dürfen. Daher seine berühmten Worte: „Der Sabbat ist um des Menschen willen gemacht und nicht der Mensch um des Sabbats willen." *Um des Menschen willen* – das ist die Maxime der Predigt Jesu. Ebendiese wendet er in der oben zitierten Geschichte an. Das Sabbatgebot gilt. Auch für Jesus. Es darf jedoch niemals dazu führen, dass man Menschen seine Hilfe verweigert.

Was wir zurzeit erleben, ist ein Wiedererwachen der pharisäischen Ethik, einer Ethik, die in den besseren Kreisen der Gesellschaft beheimatet ist, deren höchstes Prinzip das Nicht-Tun ist und die sich einen Dreck um ihre Mitmenschen kümmert. Ihre heutigen Vertreter nennen wir Gutmenschen.

Gutmenschentum

Wurden Sie schon einmal zu einem Kick-off-Meeting eingeladen? Als es mir das erste Mal passierte, war ich unsicher, ob ich vielleicht meine Fußballschuhe mitbringen sollte. Dann kam die Erleichterung: Es handelte sich lediglich um die Auftaktveranstaltung für ein neues Projekt. Wann immer ich mich über die vielen überflüssigen Anglizismen im Alltag ärgere, denke ich an die Schätze unserer Muttersprache. Seien wir ehrlich, es bedarf schon einer majestätischen Sprache mit einem Hang zu schonungsloser Wahrhaftigkeit, um Wörter wie „Götterdämmerung" oder „Münzfernsprecher" zu erschaffen. Und es gibt noch einen Begriff, den nur wir erfinden konnten und der in seiner Einfachheit und doch Paradoxie die übrigen Völker der Welt in Staunen versetzen dürfte: der Begriff *Gutmensch*. Jeder Versuch, diesen Begriff lexikalisch zu definieren, käme einer Beleidigung gleich. Ich möchte es daher mit einer faustischen Wendung versuchen: „*Ein Teil von jener Brut, die stets das Gute denkt und nie das Gute tut.*"

Während „Gutmensch" freilich einen abwertenden Kampfbegriff der Gegenseite darstellt, haben diese Leute auch eine Eigenbezeichnung entwickelt: Sie bezeichnen sich selbst als politisch korrekt. Ursachenforschung zu diesem noch recht jungen Phänomen gab es bisher kaum. Die erste nachweisbare Verwendung des Begriffs „politisch korrekt" findet sich bei der afroamerikanischen Autorin Toni Cade Bambara im Jahre 1970: „A man can not be politically correct and a chauvinist too." Damit sind zumindest zwei Herkunftsfaktoren gegeben: Der Begriff stammt aus den USA und wurde im Kontext der Frauenrechtsbewegung geboren – wo er sich offenbar recht wohl fühlt, denn diese Heimat hat er bis heute nicht verlassen.

Betrachtet man die Länder, in denen der Begriff erstmalig entstand (USA und Großbritannien), so handelt es sich um protestantisch geprägte Kulturen. Auch Deutschland reiht sich in diese Gruppe ein. Sollte da etwa ein Zusammenhang bestehen? Zunächst ein Wort der Ehrenrettung: Selbstverständlich war Martin Luther kein Gutmensch, und er würde sich im Grabe umdrehen, wenn er manche Entwicklungen der evangelischen Kirche unserer Tage mitbekommen würde. Dennoch hat er tatsächlich auf indirekte Weise zu diesem Phänomen beigetragen, indem er stets die Bedeutung der inneren Haltung bei Handlungen betonte. Exemplarisch lässt sich dies an seiner Abendmahlstheologie verdeutlichen. *Ex opere operato* – dieser katholische Grundsatz, demzufolge das Sakrament allein durch seinen Vollzug wirkt, ist für Luther nichts weiter als Hokuspokus (dieser Begriff leitet sich tatsächlich von den lateinischen Einsetzungsworten beim Abendmahl „Hoc est corpus" ab). Für Luther entscheidet sich die Wirkung allein an der „Herzensgesinnung des Empfangenden": Der Glaubende empfängt das Sakrament zum Heil, den Ungläubigen führt es zum Gericht. Dasselbe Prinzip wendet Luther in der Ethik an: Die ethische Beurteilung einer Handlung entscheidet

HERR DOKTOR! .. WISSEN SIE, WIE VIEL WASSER ICH TÄGLICH VERBRAUCHE? WAS ICH AN NATÜRLICHEN RESSOURCEN, AN ENERGIE VERBRATE? WAS ICH AN CO_2 AUSSTOßE?! ..

TJA, WAS MACHEN WIR DA?!.. SO EIN ANTIDEPRESSIVUM FÄLLT AUCH NICHT VOM HIMMEL!

sich an der Gesinnung des Handelnden, nicht an dem äußeren Ergebnis. Selbstverständlich muss dieser Standpunkt im Kontext des Ablassstreits gesehen werden. In einer Zeit, in der man den Leuten vorgaukelte, dass sie sich durch den bloßen Kauf eines Ablassbriefes (äußere Handlung) von ihren Sünden freikaufen könnten, sind solche radikalen Gegenpositionen durchaus verständlich.

Was als innerkirchliche Gegenposition begann, entwickelte sich bald zu einem einflussreichen Konzept, dem vor allem durch Philosophen wie Immanuel Kant große Verbreitung zuteilwurde. Kant, der sich nicht nur in Fragen der Ethik seinem protestantischen Erbe verpflichtet sah, vertrat ebenfalls die Auffassung, dass nicht das Resultat der Handlung, sondern allein die subjektive Gesinnung gut oder schlecht zu nennen sei, eine Haltung, für die später der Begriff „Gesinnungsethik" aufkam. Zu den bedeutendsten Kritikern dieser Form von Ethik gehörte der Soziologe Max Weber:

„Sie mögen einem überzeugten gesinnungsethischen Syndikalisten [= Gewerkschaftssozialisten] noch so überzeugend darlegen: dass die Folgen seines Tuns die Steigerung der Chancen der Reaktion, gesteigerte Bedrückung seiner Klasse, Hemmung ihres Aufstiegs sein werden, – und es wird auf ihn gar keinen Eindruck machen. Wenn die Folgen einer aus reiner Gesinnung fließenden Handlung üble

sind, so gilt ihm nicht der Handelnde, sondern die Welt da-
für verantwortlich, die Dummheit der anderen Menschen
oder – der Wille Gottes, der sie so schuf [...] ‚Verantwort-
lich' fühlt sich der Gesinnungsethiker nur dafür, dass die
Flamme der reinen Gesinnung, die Flamme z. B. des Pro-
testes gegen die Ungerechtigkeit der sozialen Ordnung,
nicht erlischt.“

Webers „Gesinnungsethiker“ ist somit weitestgehend
identisch mit unserem „Gutmenschen“. Nun muss der
Fairness halber natürlich erwähnt werden, dass es nicht
grundsätzlich fehlgeleitet ist, für die ethische Bewertung
einer Handlung nach ihrer Motivation zu fragen. Auch
ich bin der Meinung, dass jemand, der sich nur deshalb
mit afrikanischen Waisenkindern fotografieren lässt,
weil in der darauffolgenden Woche sein neuer Film in
die Kinos kommt, sich womöglich auf einer niedrige-
ren ethischen Stufe befindet als derjenige, der ohne Ei-
gennutz hilft. Die kritische Frage ist aber eine andere:
Handelt derjenige, der aus egoistischen Motiven heraus
hilft, schlechter als derjenige, der überhaupt nicht hilft?
An dieser Frage entscheidet sich, auf welcher Seite man
steht. Ein Gutmensch würde sie bejahen, ein verantwor-
tungsbewusster Mensch nicht. Für denjenigen, der ver-
hungert, ist es nebensächlich, ob er sein Essen von einem
guten Samariter bekommt oder von jemandem, der seine Freundin beeindrucken will. Wem das Ergebnis einer

Handlung allerdings egal ist, der handelt besser gar nicht und diskutiert lieber darüber, ob man die Hungernden Schwarze oder Farbige nennen soll.

Wie weit dieses Gutmenschentum unsere Gesellschaft bestimmt, konnten wir im Mai 2011 erleben. Den amerikanischen Streitkräften war es in der *Operation Neptune's Spear* gelungen, den Terroristenführer Osama bin Laden zu töten. Sofort war dieses Ereignis in aller Munde und beherrschte die öffentlichen Debatten. Aber worüber haben wir debattiert? Ob diese Operation völkerrechtlich akzeptabel war? Welche Auswirkungen der Tod bin Ladens auf die weitere Entwicklung des internationalen Terrorismus haben würde? Nein, mit solchen Lappalien halten wir uns nicht auf! Wir diskutierten lieber darüber, ob es richtig sei, sich über den Tod Osama bin Ladens zu *freuen*. Ein verwirrter Hamburger Richter stellte gar Strafanzeige gegen Kanzlerin Merkel wegen „Belohnung und Billigung von Straftaten" (§ 140 StGB), da diese sich offen zu ihrer diesbezüglichen Freude bekannt hatte. Mal ganz davon abgesehen, dass Freude meiner Ansicht nach einen eher spontanen Impuls darstellt, der sich der bewussten Lenkung größtenteils entzieht, kann man hier wieder einmal die Wahrnehmung eines Gutmenschen studieren. Der Tod eines Menschen ist für ihn ohne Belang – solange man sich nicht darüber freut.

Ich möchte nun noch auf einen Vorwurf zu sprechen kommen, der sehr häufig gegen Gutmenschen ins Feld geführt wird, nämlich den der Heuchelei. An dieser Stelle muss ich eine Lanze für die Gutmenschen brechen. Ich glaube nicht, dass sie Heuchler sind. Sicher, man könnte diesen Eindruck gewinnen, wenn etwa Winfried Kretschmann, engagierter Gegner von Automobilen und Flugzeugen, mit dem Hubschrauber zur Ministerpräsidentenkonferenz in Lübeck einschwebt und seine Dienstlimousine die 730 Kilometer von Stuttgart hinterherfahren lässt. Oder wenn Andrea Ypsilanti, das Aushängeschild für Glaubwürdigkeit innerhalb der hessischen SPD, öffentlich die Förderung von Gesamtschulen propagiert, aber ihren eigenen Sohn auf ein privates Gymnasium schickt – mit der faszinierenden Begründung, die Gesamtschule läge zu weit entfernt und sie könne ihrem Sohn nicht zumuten, die öffentlichen Verkehrsmittel zu benutzen.

Aber erfüllt dieses Verhalten tatsächlich den Tatbestand der Heuchelei? Der Philosoph Friedrich Kirchner definiert Heuchelei als die „Verhüllung der wahren und Vorspiegelung einer falschen, in dem Betreffenden nicht vorhandenen lobenswerten Gesinnung". Aha, es geht also wieder mal um die Gesinnung! Und eine falsche Gesinnung täuschen die Genannten ja nicht vor, sie halten nur nichts davon, ihre Gesinnung in entsprechende Taten umzusetzen. Das ist für sie aber kein Manko, sondern ideologischer Grundsatz.

Simone de Beauvoir, eine Art Jutta Ditfurth der frühen Nachkriegszeit, beschreibt es in ihrer Autobiografie *La force des choses* ganz deutlich: „Die marxistische Ideologie hat nichts mit der christlichen Moral zu tun, sie verlangt vom Individuum weder Askese noch Armut; offen gesagt, das Privatleben ist ihr schnurzegal." Jetzt verstehen wir, warum der Vorsitzende der Linkspartei einen Porsche fährt und ein großzügiges Landhaus in Österreich bewohnt. Hauptsache, die Ideologie stimmt!

Damit hat sich also der Kreis geschlossen, und wir sind wieder bei der pharisäischen Ethik des Nicht-Tuns angelangt, die die modernen Gutmenschen so erfolgreich wiederbelebt haben. Und Madame de Beauvoir hat völlig recht: Das hat nichts, aber auch gar nichts mit christlicher Moral zu tun. Zwar warnte auch Jesus davor, gute Taten nur um der Bewunderung willen zu vollbringen. Aber niemals hätte er Tatenlosigkeit gepredigt. Denn ihm lag etwas an den Menschen.

Gleich-Gültigkeit

Viele Menschen machen sich Sorgen um ihren Arbeits-
platz. Ich früher auch, aber inzwischen nicht mehr. Denn
jetzt weiß ich: Sollte es nichts werden mit der Karriere innerhalb der Theologie, kann ich immer noch Ungleich-
heitsforscher werden. Ungleichheitsforschung ist ein
wahrhaft faszinierender Zweig der Wissenschaft, für den
mittlerweile an deutschen Universitäten eigene Kurse an-
geboten werden. Ebenso findet man inzwischen einen
Berg von Fachliteratur darüber. Unter dem Aspekt der
Arbeitsplatzsicherheit ist diese Disziplin jedenfalls un-
schlagbar. Vielleicht wird man eines Tages herausfinden,
dass es keinen Gott gibt, aber Ungleichheit wird es immer
geben. Manch einer würde bei dieser Fachrichtung zwar
eher von einer Arbeitsbeschaffungsmaßnahme sprechen,
aber das liegt im Auge des Betrachters.

Zweifellos gehört es zu den beliebten Arbeitsbeschaffungsmaßnahmen unter Geisteswissenschaftlern, von Zeit zu Zeit neue Begriffe zu erfinden, über die man dann diskutieren und Bücher schreiben kann. Auf diese Weise wurde wohl auch jüngst der Begriff „Speziesismus" geboren. Falls Sie dieses Wort noch nie gehört haben, trösten Sie sich, Sie haben nicht viel verpasst. Speziesismus meint – in Anlehnung an Begriffe wie Rassismus oder Sexismus – die überhebliche Haltung einer Spezies gegenüber einer anderen. So, wie sich ein Weißer gegenüber einem Schwarzen rassistisch oder ein Mann gegenüber einer Frau sexistisch verhalten kann, indem er sich aufgrund seiner Hautfarbe beziehungsweise seines Geschlechts überlegen fühlt, kann neuerdings auch dem Menschen der Vorwurf gemacht werden, er sei speziesistisch, wenn er sich beispielsweise für etwas Besseres hält als einen Wurm, nur weil er einer anderen Spezies angehört. Wer speziesistisch denke, denke biologisch und damit auch nicht anders als Rassisten und Sexisten, so das Argument der *Anti-Speziesistischen Aktion* (kein Scherz, die gibt es wirklich!).

Es muss wohl die Verbindung zu den Totschlagargumenten der politischen Korrektheit sein, die diesem Konzept bisher zumindest ein rudimentäres Überleben gesichert hat, denn anders ist es nicht zu erklären, dass seine offensichtlichen Schwächen nicht erkannt wurden.

Geisteshaltungen wie Rassismus oder Sexismus sind ja nicht deswegen verwerflich, weil sie biologisch argumentieren, sondern weil ihre aus der biologischen Betrachtung gezogenen Schlussfolgerungen *falsch* sind. Nehmen wir einen Moment lang an, es gäbe tatsächlich einen Zusammenhang zwischen Hautfarbe und Intelligenz. Dann wäre es beispielsweise nicht verwerflich, für Kinder unterschiedlicher Hautfarbe unterschiedliche pädagogische Konzepte zu entwickeln. Da dieser Zusammenhang aber nicht besteht, empören wir uns zu Recht über derartige Ideen. Noch besser lässt sich der besagte Denkfehler im Bereich des Sexismus erläutern. Wir empfinden es als inakzeptabel, wenn Frauen aufgrund ihres Geschlechts der Zugang zu Bildung oder gesellschaftlicher Mitbestimmung vorenthalten wird, aber niemand beschwert sich, wenn Frauen und Männer beim Sport in verschiedenen Mannschaften spielen, weil sich ihre körperliche Leistungsfähigkeit nun einmal unterscheidet. Wir sehen also: Wo Unterschiede bestehen, ist es sinnvoll und richtig, diese auch geltend zu machen. Dass dies bei der Gegenüberstellung von Menschen und Würmern der Fall ist, brauchte ich hier hoffentlich nicht eigens darzulegen. Oder vielleicht doch?

Die Anti-Speziesistische Aktion bildet in gewisser Weise den Höhepunkt einer wachsenden Haltung, die ich mit dem Begriff *Gleichgültigkeit* umschreiben möchte. Dabei

will ich das Wort in seiner ursprünglichen Bedeutung
verstanden wissen, als eine Einstellung, der zufolge alles
gleich gültig ist, also keine Unterschiede zwischen Dingen
gemacht werden – wie es auch das Synonym *Indifferenz*
ausdrückt. Diese Einstellung ist die große und gefährliche
Lüge unserer Zeit. Angefangen hat das ganze Unheil mit
dem sogenannten *Gender Mainstreaming*. Hinter diesem
Begriff verbirgt sich die wahnwitzige Vorstellung, dass es
keine natürlichen Unterschiede zwischen den Geschlech-
tern gäbe, dass sämtliche vermeintlichen Unterschiede
also allein auf sozialer Konvention beruhten, knapp zusammengefasst in Simone de Beauvoirs berühmtem Dik-
tum: „Man wird nicht als Frau geboren, man wird es."

Überaus gelungen wurden die Konsequenzen dieser Haltung in einer Szene aus Monty Pythons Kultkomödie „Das Leben des Brian" umgesetzt, in der die Volksfront von Judäa beschließt, gegen die Unterdrücker des Rechts der Männer aufs Kinderkriegen vorzugehen. Der weise Kommentar von John Cleese („Das ist doch aber sinnlos!") bleibt im Film wie im richtigen Leben leider ungehört.

Bedauerlicherweise ist die Gender-Ideologie alles andere als lustig, sondern in hohem Maße gefährlich. In der Schule leiden Jungen darunter, dass ihre Risikofreude und ihr Bedürfnis nach körperlicher Betätigung nicht beachtet werden. Die männlich geprägten Spielregeln der Arbeitswelt sind hingegen für Frauen oft abschreckend. Im Alltag werden viele von uns das Phänomen kennen, dass Männer und Frauen scheinbar aneinander vorbeireden. Daher gibt es eine riesige Fülle von Beziehungsratgebern, deren Hauptinhalt darin besteht, die Kluft zwischen der männlichen und der weiblichen Kommunikationswelt zu überwinden.

Während also über das Phänomen der Unterschiedlichkeit der Geschlechter größtenteils Einigkeit herrscht, scheinen nicht alle akzeptieren zu wollen, dass die Ursachen hierfür hormonell, also genetisch bedingt sind. Bereits vor der Geburt formen Östrogen und Testosteron die Struktur des weiblichen beziehungsweise männlichen Gehirns und bewirken, dass Jungen manche Dinge besser und manche Dinge schlechter können als Mädchen und sich auch für andere Dinge interessieren. Von frühester Kindheit an leben Jungen eher in einer Objektwelt (sie richten ihr Interesse auf Gerätschaften und verfolgen mit Spannung alles, was sich bewegt), während Mädchen eher in einer Personenwelt leben (sie sind an Gesichtern und Gefühlsausdrücken interessiert, suchen für gewöhnlich auch öfter den Blickkontakt). Diese Vorlieben äußern sich nicht zuletzt in dem vom jeweiligen Geschlecht bevorzugten Spielzeug. Doch dieser simple Zusammenhang wird schlichtweg geleugnet; Jungen sollen gefälligst mit Puppen spielen und Mädchen mit Spielzeugautos.

Die Familienforscherin Gisela Erler fasst diesen Umstand treffend zusammen: „Während heute der pädagogische Grundsatz, Kinder in ihren erkennbaren Talenten zu bestärken und zu fördern, relativ unbestritten ist, scheint auf dem Feld der Geschlechterrollen genau die umgekehrte Maxime zu gelten: Wehret den Anfängen!"

Auch mit anderen Aspekten der menschlichen Natur scheinen sich viele der Gutmenschen schwerzutun. Wir alle erinnern uns an den Fall Sarrazin. Aber die wenigsten kennen womöglich den offiziellen Grund, weswegen vonseiten der SPD ein Parteiausschlussverfahren gegen ihn angestrengt worden war. Dabei ging es nämlich nicht um Sarrazins Thesen zur Ausländerpolitik, sondern um seine Behauptung, dass Intelligenz genetisch bedingt sei und vererbt würde. SPD-Chef Gabriel war empört: „Damit verstößt er gegen elementare Wertvorstellungen der Sozialdemokraten." Zu dumm nur, dass die Behauptung von Herrn Sarrazin gar keine Behauptung ist, sondern eine wissenschaftliche Tatsache. Dass Intelligenz vererbbar ist, wird von keinem ernst zu nehmenden Neurologen bestritten. Das bedeutet im Klartext: Die einhelligen Erkenntnisse der Wissenschaft widersprechen den Wertvorstellungen der Sozialdemokraten. Mit derselben Logik („Ich glaube nicht daran, deshalb kann es nicht sein") lehnen religiöse Fundamentalisten die Evolutionstheorie ab.

Das Verrückte an dieser ganzen Geschichte ist, dass wir einerseits ständig auf die Zugehörigkeit des Menschen zur Natur hingewiesen werden, wenn es um seine angeblich nur graduelle Differenz zur Tierwelt geht, gleichzeitig aber alle natürlichen Unterschiede zwischen den Menschen geleugnet werden. Aber was ist schon ein kleiner logischer Denkfehler, wenn es um *Gleichgültigkeit* geht.

Zu der Verneinung dieser natürlichen Unterschiede zwischen einzelnen Menschen gesellt sich aber auch noch die Vorstellung der völligen Gleichwertigkeit aller menschlichen Kulturen. Die Behauptung, dass unsere Kultur anderen überlegen sei, steht auf der Skala der politisch inkorrekten Aussagen nur wenige Stufen unter der Befürwortung des Stierkampfs. Dabei begegnen wir wieder einem faszinierenden Denkfehler: Die politisch Korrekten haben es sich zum Ziel gemacht, ihre eigenen Wertvorstellungen mit allen Mitteln gegen Andersdenkende zu verteidigen. Gleichzeitig bestehen sie aber darauf, dass ihre eigenen Wertvorstellungen nicht besser seien als die der Andersdenkenden. Mit anderen Worten: Man verteidigt die Gleichberechtigung der Frau, findet es aber auch richtig, wenn andere Kulturen Frauen bis zum Kopf im Sand verbuddeln, um sie anschließend zu steinigen.

Aber es wird noch verwirrender: Obwohl theoretisch alle Kulturen gleich sind, ist unsere eigene im Denken der Gutmenschen selbstverständlich schlimmer als andere. Wir sind für den Hunger in der Dritten Welt ebenso verantwortlich wie für die Schuldenkrise Griechenlands. Letzteres wurde uns unter anderem von Daniel Cohn-Bendit erklärt, der ausführte, dass Deutschland lange Zeit Waren an Griechenland geliefert habe, welche sich das Land gar nicht leisten konnte. Dieses Argument leuchtet jedem sofort ein: Wenn ich mir einen Mercedes kaufe, den ich mir nicht leisten kann, ist natürlich der Daimler-Konzern schuld!

Dass wir am Elend der Dritten Welt schuld sind, ist, wie Siegfried Kohlhammer richtig erkannte, „ein weitverbreitetes Vorurteil bei Linken und Grünen aller Art, weltoffenen Christen, Friedensfreunden, Menschen guten Willens von der CDU bis zur RAF". Die These der Ausbeutung der Dritten Welt durch den Westen lässt sich auf nur jeder denkbaren Ebene widerlegen. Rein statistisch müssten, damit von einer Ausbeutung die Rede sein kann, die jeweiligen Länder einen Leistungsbilanzüberschuss vorweisen können, es müssten also mehr Ressourcen aus diesen Ländern abfließen als hineinströmen. Ein kurzer Blick auf die Statistik widerlegt diese These jedoch sofort. So schnell geben sich die Gutmenschen aber nicht geschlagen, denn man müsse ja auch die Spätfolgen der europäischen Kolonialisierung bedenken.

Bei dieser Behauptung stellen sich gleich zwei Fragen: Erstens, wenn die Kolonialisierung bis heute an der Armut der kolonisierten Länder schuld ist, wie kommt es dann, dass ehemalige Kolonien wie Kanada heute zu den Weltwirtschaftsmächten gehören? Zweitens, wenn die Europäer bis heute von der Ausbeutung ihrer Kolonien profitieren, wie kommt es dann, dass ehemals riesige Kolonialreiche wie Spanien heute zu den ärmsten Ländern Europas gehören?

Ich weiß, derartige Einwände sind zu sachlich, zu ökonomisch, um von Gutmenschen verstanden zu werden. Ihnen geht es ja vor allem um ihr romantisiertes Bild vom edlen Wilden, der vor der europäischen Kolonisierung glücklich und zufrieden im Einklang mit der Natur lebte. Und schon wieder sind wir bei demselben Paradoxon gelandet. In unserer Gesellschaft wird die Bezeichnung „archaisch" gleichbedeutend mit „schlecht" verwendet. Barbara Rütting, von der eigentlich niemand so genau weiß, welche Funktion sie eigentlich hat, betrachtet beispielsweise Fleischessen als etwas Archaisches und glaubt, dass Menschen, die solches tun, auf einer früheren Entwicklungsstufe stehen geblieben sind.

Als die Fernsehmoderatorin Eva Herman es wagte, in ihren Büchern von einem natürlichen Mutterinstinkt zu sprechen, konterte Thea Dorn, die selbst nicht viel vom Kinderkriegen hält: „Das muss irgendetwas Archaisches sein. Aber wir kennen eine Menge anderer archaischer Triebe in uns, denen wir auch nicht allen nachgeben. Das ist ein Zeichen von Zivilisation."

Wir lernen also: Zivilisation soll, nein, muss über archaische Strukturen triumphieren! Nur nicht bei den Völkern Afrikas, die waren in ihrem natürlichen Zustand nämlich alle Heilige, bis die bösen Weißen sie korrumpierten.

Auf die Idee zu kommen, dass die armen Staaten dieser Welt unter Umständen für ihre Armut selbst verantwortlich sein könnten, ist für einen Gutmenschen völlig undenkbar. Der Grundirrtum liegt darin, dass diese Leute dazu neigen, sich einen afrikanischen Staat wie einen kirchlichen Frauengesprächskreis vorzustellen. Automatisch nehmen sie an, dass die Regierungen der entsprechenden Staaten nur das Wohl ihrer Bevölkerung im Auge haben. Dass die Regierenden in erster Linie daran interessiert sein könnten, ihre eigenen Taschen und die ihrer Unterstützer zu füllen, kommt ihnen nicht in den Sinn. Aber selbst wenn ein korrupter Herrscher in Afrika sein Volk verhungern lässt, ist das natürlich der kolonialen Vergangenheit seines Landes geschuldet.

Umgekehrt gilt diese Logik allerdings nicht. Darauf hinzuweisen, dass der Nationalsozialismus nicht möglich gewesen wäre ohne die völlig unverhältnismäßigen Bestimmungen des Versailler Vertrages, würde eine Verharmlosung der deutschen Schuld bedeuten. Man kann es drehen und wenden, wie man will – schuld sind immer wir.

Nun stellt sich also wieder einmal die Frage: Warum? Warum sind derartige Schuldzuweisungen, die mit gesundem Menschenverstand leicht zu widerlegen sind, so schwer auszurotten? Dass diese Vorwürfe von den

Verantwortlichen in der Dritten Welt gepflegt werden, ist klar, schließlich basiert auch nahezu die gesamte Entwicklungshilfe auf diesen Fehlannahmen. Aber warum verweigern wir uns manchen Argumenten nicht einfach?

Normalerweise ist es doch so: Wenn ich mich wegen irgendetwas schuldig fühle und sich dann herausstellt, dass es gar nicht meine Schuld war, empfinde ich Freude und Erleichterung. Dass dieser Effekt bei einigen Gutmenschen nicht einsetzt, kann letztlich nur einen Grund haben. Sie *wollen* ein schlechtes Gewissen haben. Es gibt ihnen ein gutes Gefühl, sich über die Opfer erheben zu können. Der britische Islamexperte Bernard Lewis fasst es folgendermaßen zusammen:

„Die Bürde des weißen Mannes im Sinne Kiplings – die Verantwortung des Weißen für die Völker, über die er herrschte – ist schon seit Langem abgeworfen und von anderen übernommen worden. Aber es gibt Menschen, die darauf bestehen, sie zu behalten – diesmal nicht als Bürde der Macht, sondern der Schuld, ein Insistieren auf der Verantwortung für die Welt und ihre Übel, das so arrogant und ungerechtfertigt ist wie die Ansprüche unserer imperialistischen Vorfahren.“

Wenn heuchlerische Selbstprofilierung das schlimmste Nebenprodukt dieser kruden Geisteshaltung wäre,

könnte man sich wohl noch damit abfinden und einfach die Gesellschaft solcher Menschen nach Möglichkeit meiden. Doch leider hat dieser imperialistische Anspruch verheerende Auswirkungen für die armen Völker
dieser Erde.

Romantische Menschenverachtung

Ich gebe es zu, ich bin ein altmodischer Romantiker. Ich schreibe Gedichte und riskiere Bandscheibenvorfälle beim Aufstellen von Maibäumen. Geschockt war ich, als ich einmal den diesbezüglichen Kommentar eines meiner Lieblingsautoren las: „Das Wort ‚romantisch‘ ist ja im Volksmund eine ganz irreführende Verfälschung. Romantiker sind Träger glühender Ideale, von nächtlich zwiespältiger Dämonie und von berserkerhafter Kraft bis zur Selbstzerfleischung." Ist das am Ende der Grund, warum mich meine Verlobte kurz vor dem Altar sitzen gelassen hat?

Die kulturgeschichtliche Epoche der Romantik hat in der Tat zunächst einmal recht wenig mit Pralinen oder Kerzenschein zu tun. Die romantische Geisteshaltung umfasst vor allem zwei Dinge, die sich gegenseitig bedingen: Weltflucht und Verklärung der Vergangenheit. Für die Romantiker des 19. Jahrhunderts war das Mittelalter die gute alte Zeit, als die Welt noch in Ordnung war, als die Menschen noch idyllisch auf dem Land lebten und tapfere Ritter mit Minnesang um das holde Burgfräulein warben. Aber genau wie Don Quixote, der irgendwann enttäuscht erkennen musste, dass die Welt nicht so edel und ritterlich ist (oder jemals war), wie er sie sich vorstellte, mussten auch die Romantiker eines Tages den Realisten und Naturalisten Platz machen. Doch ähnlich den Pharisäern, die niemals wirklich ausgestorben sind, haben sich auch die Romantiker in unserer heutigen Zeit eine Stellung erhalten – leider oft eine höhere, als für die Gesellschaft gut ist. Dies bekommen vor allem die Menschen in der Dritten Welt zu spüren.

„Es ist unmöglich für diese Menschen, den materiellen Le-
bensstil des Durchschnittsamerikaners zu erlangen. Das ist
nicht unbedingt ein gesunder, erstrebenswerter Lebensstil.
Tatsächlich fällt uns oft auf, dass Amerikaner sehr unglück-
lich sind, weil sie keine Zeit für ihre Familien oder Freunde
haben. Es gibt keinen Gemeinschaftssinn mehr. Es ist sehr
hektisch. Wer wollte das dem Rest der Welt wünschen?"

Hier erläutert Brent Blackwelder, bis 2009 Präsident der
amerikanischen Umweltschutzorganisation „Friends of
the Earth" (mit dem faszinierenden Akronym FOE), warum die Menschen der Dritten Welt doch lieber bei ihrem jetzigen Lebensstandard bleiben sollten, statt sich
mit modernen „Geißeln der Zivilisation" wie Strom oder
sauberem Wasser zu belasten. Was macht es schon, wenn
ihre Kinder den fünften Geburtstag nicht erleben! Dafür
haben sie ja den familiären Zusammenhalt, der uns Menschen in den Industriestaaten auf solch tragische Weise
abhandengekommen ist.

Ähnlich argumentiert beispielsweise auch Mark Fenn,
Verantwortlicher des WWF für Madagaskar. Seine Auf-
gabe sieht er vor allem darin, jedwede Form von Mo-
dernisierung und Industrialisierung von der Insel
fernzuhalten. Auf den Vorwurf eines rumänischen Inter-
viewpartners, er würde die Menschen damit auf ewig zur
Armut verdammen, antwortet Fenn:

„Woran machen wir fest, was arm und was reich ist, wer arm und wer reich ist? Verbringen Sie etwas Zeit in Fort Dauphin [Stadt in Madagaskar]. Die Leute sind wirtschaftlich benachteiligt, die Leute haben keine Arbeit, aber wenn ich Sie mit einer Familie zusammenbringe und Sie zählen, wie oft diese Familie am Tag lächelt, wenn Sie das Stresslevel messen könnten – und dann bringe ich Sie zurück nach Rumänien, zu einer wohlhabenden Familie, oder nach New York oder London, und Sie zählen, wie oft die Leute lächeln, messen das Stresslevel und beobachten, wie die Leute miteinander umgehen, dann sagen Sie mir, wer reich und wer arm ist."

Wo wir gerade von Rumänien sprechen: Françoise Heidebroek, ihrem Namen nach unschwer als Nichtrumänin zu erkennen, gehört einer Initiative an, die verhindern möchte, dass in der rumänischen Stadt Roşia Montană eine Mine gebaut wird, die der Stadt Arbeitsplätze und wirtschaftlichen Aufschwung bringen könnte. Heidebroek sieht in dieser Maßnahme jedoch keinen Gewinn, sondern eine Gefahr für den momentanen Lebenswandel der Menschen:

„Jeder hat Tiere in seinem Hinterhof, es ist Teil des Charmes von Roşia Montană und dieses Lebensstils. Die Leute benutzen ihre Pferdekutsche anstelle eines Autos, sie sind stolz, ein Pferd zu haben."

Betrachten wir diese drei Stellungnahmen, so sind die Parallelen zur Gedankenwelt der Romantik ebenso augenfällig wie erschreckend. Auch hier wurde das Ideal einer einfachen Lebensweise beschworen, fernab von Industrialisierung und Wissenschaft. Und genau wie die Romantiker übersahen, dass die unschönen Nebenwirkungen dieser Lebensweise Hungersnöte und Krankheit waren, so finden auch Menschen wie Blackwelder, Fenn oder Heidebroek wenig Gefallen an den im wahrsten Sinne des Wortes lebenswichtigen Errungenschaften der westlichen Zivilisation. Das heißt, sie finden keinen Gefallen daran, wenn andere sie erwerben. Für sich selbst nehmen sie diese Annehmlichkeiten natürlich durchaus in Anspruch.

Im Grunde ist es doch erstaunlich, dass bislang keiner von ihnen sein unglückliches Dasein aufgegeben hat, um ein beschauliches Leben in der somalischen Steppe oder in einem verarmten rumänischen Dorf zu führen. Vermutlich sehen sie sich selbst auch noch als Helden, die auf ihr persönliches Glück verzichten, um es anderen Menschen zu ermöglichen. Erschreckend ist aber nicht nur diese Geisteshaltung an sich. Viel schlimmer ist die Tatsache, dass sich Menschen wie Fenn und seinesgleichen in den entsprechenden Machtpositionen befinden, um diese Haltung auch in die Tat umzusetzen.

Die gravierenden Folgen der hier beschriebenen und leider unter Gutmenschen stark verbreiteten Fortschrittsfeindlichkeit zeigen sich vielleicht nirgendwo so stark wie in der Ablehnung der grünen Gentechnik. Das Wort „Gentechnik" allein genügt ja meist schon, um bei vielen Menschen die Erwartungen des nahen Weltendes hervorzurufen. Wie durchdacht diese Ablehnung ist, zeigt eine Emnid-Umfrage, in der 60 % der Befragten angaben, sie gingen davon aus, dass gentechnikfreie Nahrungsmittel keine Gene enthalten.

Ebenso groteske Züge nehmen die Ängste vor chemischen Substanzen an. 1990 starteten zwei Studenten der Universität Santa Cruz in Kalifornien eine Kampagne gegen die gefährliche Chemikalie Dihydrogenmonoxid: Es sei unter anderem ein Hauptbestandteil des sauren Regens und könne bei Einatmung zum Tode führen. Nun, Dihydrogenmonoxid, auch bekannt als H_2O, ist lediglich ein etwas irreführender Name für Wasser, und die Studenten machten sich einen Riesenspaß daraus, eine Art Bürgerinitiative gegen das gefährliche Umweltgift ins Leben zu rufen. Dieser Scherz, der seitdem unzählige Male (erfolgreich!) wiederholt wurde und schon so manchen Politiker ins Schwitzen gebracht hat, verdeutlicht einmal mehr, wie leicht Menschen in Panik zu versetzen sind, sobald nur die Begriffe „Chemie" oder „Gentechnik" fallen.

Was verbirgt sich aber nun hinter dem Begriff grüne Gentechnik? Im Grunde ist es recht einfach: Er bezeichnet den Prozess, Gene mit bestimmten Eigenschaften dem Erbgut einer Pflanze hinzuzufügen, um diese leistungsfähiger zu machen. Der Protest gegen diese Technik basiert im Wesentlichen auf zwei Argumenten. Zum einen seien genetisch manipulierte Pflanzen umwelt- und gesundheitsschädlich, zum anderen stelle der genetische Prozess einen Eingriff in die Natur dar.

Nicht, dass sich fundamentalistische Gentechnikgegner durch Fakten beeindrucken ließen, aber für alle anderen versuche ich es trotzdem einmal. Fakt ist, dass es nach Jahrzehnten der Anwendung bisher nicht einen durch genetisch veränderte Pflanzen nachgewiesenen Schadensfall gegeben hat. Fakt ist auch, dass eine Hungersnot über uns hereinbrechen würde, wenn wir alle Lebensmittel aus den Regalen entfernen würden, die mit Gentechnik in Berührung gekommen sind. Und was den Vorwurf der Unnatürlichkeit angeht: Man wird in ganz Deutschland keine einzige Kuh vorfinden, die nicht „genetisch optimiert" wurde. Seit Jahrhunderten selektiert der Mensch die vorteilhaften Gene von Tieren und Pflanzen, um bessere Erträge zu erzielen – das nennt man Zucht. Der einzige Unterschied zur Gentechnik besteht darin, dass Letztere im Labor stattfindet und weit bessere und schnellere Ergebnisse möglich macht. Aber auch schon lange bevor der Mensch diese Techniken aktiv ausübte, gab es genetische Optimierung in der Welt. Was ist denn bei der Evolution anderes passiert? In gewisser Weise ist Mutter Natur selbst Gentechnikerin.

Das Problem bei unseren Naturromantikern ist, dass sie sich „Natur" immer als irgendeinen Zustand vorstellen. Ich habe nie wirklich verstanden, was Leute meinen, wenn sie von dem „Erhalt eines natürlichen Zustands" sprechen. Wann genau war denn eine Landschaft in ihrem natürlichen Zustand? Zum Zeitpunkt des Urknalls? Vor etwa zwei Milliarden Jahren in der Epoche des Proterozoikums, als sich das Leben auf der Erde gerade entwickelte? Vor etwa 12 000 Jahren zu Beginn der Jungsteinzeit, als der Mensch die Landschaft erstmals durch Ackerbau kultivierte? Oder im Jahre 1971, als sich *Greenpeace* gründete?

Fortschritt und Entwicklung sind keine Erfindungen des Menschen, sondern waren in der Natur vom Anbeginn der Zeit angelegt. In Wahrheit stellt nicht Gentechnik, sondern Fortschrittsfeindlichkeit die wahre widernatürliche Haltung dar.

Selbstverständlich ist die grüne Gentechnik keine Zauberwaffe, mit der auf einen Schlag alle Probleme der Welt verschwinden werden, aber sie bietet vielversprechende Ansätze zur Lösung einiger der gravierendsten

Missstände auf unserem Planeten, die insbesondere von jenen, die sich gegen diese Technik wenden, immer wieder angeprangert werden:

- Mangelernährung: Nicht nur, dass durch den Einsatz genetisch optimierter Pflanzen die Nahrungsmittelproduktion entscheidend erhöht werden kann, die grüne Gentechnik erlaubt außerdem die bessere Anreicherung bestimmter Pflanzenarten mit Vitaminen und Nährstoffen. Etwa zwei Millionen Kinder sterben jedes Jahr an Vitamin-A-Mangel, weitere 500 000 erblinden. Der gentechnisch optimierte *Golden Rice* enthält besonders viel Betacarotin, das vom Körper in Vitamin A umgewandelt werden kann. Trotz ihrer lebensrettenden Wirkung wird der Anbau dieser Reissorte leider nach wie vor von Greenpeace bekämpft.

- Pestizide: Durch die Entwicklung von Pflanzenarten, die resistent gegen Schädlinge sind, kann der Einsatz von umwelt- und gesundheitsschädlichen Pestiziden verringert werden.

- Wasserversorgung: Nirgendwo wird so viel Wasser verbraucht wie in der Landwirtschaft. Mit der Züchtung von Pflanzen, die bei weniger Wasseraufnahme gleiche Erträge produzieren, können die wasserarmen Regionen weitaus bessere Ergebnisse erzielen.

- Flächennutzung: Durch den Anbau ertragreicherer Pflanzen kann auf die Umwandlung von Regenwäldern und anderen schützenswerten Gebieten in Ackerfläche verzichtet werden.

All diese Möglichkeiten werden von den Gegnern der grünen Gentechnik im Namen eines romantischen Naturbildes und unter Projizierung vermeintlicher Weltuntergangsszenarien blockiert. Meiner Ansicht nach kann man in diesem Fall von unterlassener Hilfeleistung sprechen. Doch selbst diese Haltung bildet noch nicht den Gipfel der mittlerweile gesellschaftsfähigen Menschenverachtung.

„Wir müssen die menschliche Bevölkerung radikal und intelligent auf weniger als eine Milliarde reduzieren", lautet die Maxime des kanadischen Umweltaktivisten Paul Watson, eine Idee, die er nicht etwa nur in einem geheimen Vier-Augen-Gespräch äußerte, sondern auch vor laufender Kamera und auf seiner Internetseite. Ich weiß nicht, wie es Ihnen dabei geht, verehrte Leser, aber mir läuft es kalt den Rücken herunter.

Wie man eine Bevölkerungsgruppe „radikal und intelligent" auslöschen kann, haben wir in Deutschland im dunkelsten Kapitel unserer Geschichte erlebt, und heute wird jeder, der dieses Ereignis bestreitet, mit Recht aufs

Schärfste verurteilt. Ich möchte lieber nicht zu genau wissen, wie Watson sich die „Abschaffung" von 6 Milliarden Menschen vorstellt. Und noch viel wichtiger: Wenn die Reduzierung der Erdbevölkerung sein erklärtes Ziel ist, warum geht er dann nicht mit gutem Beispiel voran und opfert sich zum Wohle des Planeten?

Romantische Tierliebe

„Eines musst du dir merken bei diesen besseren Bürgern, sie lieben die Tiere und hassen die Menschen."

Diese Worte stammen von Michael Douglas. Natürlich nicht von ihm persönlich, sondern von der Figur, für deren Darstellung er 1987 den Oscar erhielt: dem raffgierigen Börsenhändler Gordon Gecko. Dieser ist zwar alles andere als ein moralisches Vorbild, doch sind es ja gerade solche Figuren, die oft die klarsten Worte finden. Tatsächlich sind Menschenverachtung und Tierliebe in gewisser Weise zwei Seiten derselben Medaille, insbesondere bei den sogenannten „besseren" Bürgern. Denn während ihnen – wie wir im vorigen Kapitel gesehen haben – das vermeidbare Leid von Millionen von Menschen mitunter kaum Mitgefühl abnötigt, gehen sie sofort auf die Straße, wenn irgendwo einige Käfer bedroht sind. Falls Sie jetzt glauben, ich spiele hier auf den berüchtigten Juchtenkäfer an, liegen Sie falsch; sich über den lustig zu machen, wird langsam langweilig. Außerdem ist es in gewisser Weise auch unfair, denn auch anderen Käferarten gelingt es, größere Bauvorhaben zu behindern, zum Beispiel *Lucanus Cervus*, besser bekannt unter dem Namen „der gemeine Hirschkäfer".

Im Herbst 2005 begannen am Frankfurter Flughafen die Bauarbeiten an einer neuen Wartungshalle, wofür einige Hektar Wald gerodet werden mussten. Wie es bei Rodungen üblich ist, blieben dabei Baumstümpfe zurück. Diese konnten nun jedoch nicht einfach entfernt, sondern mussten verpflanzt werden, da sich in ihnen Hirschkäferlarven befanden, eine Aktion, die Fraport 70 000 Euro gekostet hat. Wenngleich das Wort „Hirschkäferlarvenumsiedlung" mein deutsches Herz höher schlagen lässt und in sich im Grunde schon diese Summe wert ist, so lautete das eigentliche Argument natürlich Artenschutz. Als hätten es uns die Käfer mit dem Rechnen besonders einfach machen wollen, schlüpften einige Zeit später genau 7 Käferlarven, sodass wir also exakt 10 000 Euro pro Larve ausgegeben haben.

Ich höre schon das Gegenargument: Man könne den Wert eines Lebens doch nicht mit Geld bemessen! Tja, da muss ich meine Gegner leider enttäuschen: Doch, das muss man sogar! Ich weiß, das Thema Geld gilt bei den besseren Bürgern als profan, über Geld spricht man nicht, Geld hat man. Insbesondere, wenn es um Leben und Gesundheit geht, ist das Thema absolut tabu.

In einer Talkshow sagte der Arzt und Buchautor Manfred

Lütz einmal folgenden Satz: „Reiche Menschen konnten immer schon älter werden als Arme, und das ist – zwar Gott sei Dank abgemildert – auch heute noch so. Und das wird auch weiter so bleiben." Für jeden nicht gänzlich weltfremden Menschen ist dieser Satz völlig einleuchtend und daher unspektakulär, seine politische Sprengkraft hingegen ist gewaltig. Zwar versicherten auch alle übrigen Anwesenden: „Sie haben natürlich recht, Herr Lütz" – allerdings taten sie dies erst nach der Sendung.

Geld kann über Leben und Lebensqualität entscheiden, so einfach ist das. Und das Dumme beim Geld, das vielen Menschen nicht klar zu sein scheint, ist: Das Geld, das ich für die eine Sache ausgebe, fehlt mir bei der anderen. Für Fraport bedeutet das Folgendes: Die jährliche Grundvergütung für Ausbildungsberufe liegt bei etwa 10 000 Euro. Anstatt sieben Hirschkäfer umzusiedeln, hätte man also auch sieben jungen Menschen einen Ausbildungsplatz verschaffen können. Daran mögen unsere besseren Bürger bitte denken, bevor sie sich das nächste Mal lautstark über mangelnde Ausbildungsmöglichkeiten in unserem Land beschweren.

Noch ein Wort zum Thema Artenschutz: Andauernd hören wir vom großen Artensterben. Um den Irrsinn dieser Hysterie zu verstehen, muss man sich ein wenig in der zoologischen Klassifizierung auskennen. Die Arten bilden die unterste Stufe der zoologischen Einteilung, darüber gibt es Klassen, Ordnungen, Familien, Gattungen und so weiter. Nehmen wir uns als Beispiel einmal die Familie der Schmarotzerfliegen. Bitte verstehen Sie mich nicht falsch: Die Vorstellung, vielleicht bald auf einem Planeten ohne Schmarotzerfliegen leben zu müssen, erfüllt mich mit ebenso großem Schrecken wie Sie. Worauf ich aber hinauswill, ist etwas anderes. Die Schmarotzerfliegen bilden eine *Familie*, von der weltweit über 8000 *Arten* existieren. Das bedeutet, wenn Sie morgen mal wieder die Schreckensnachricht hören, dass im vergangenen Jahr Tausende von Arten ausgestorben sind, können Sie beruhigt sein, denn mit ein wenig Glück haben einige der Schmarotzerfliegenarten überlebt.

Die entscheidende Frage in diesem Kapitel ist aber eine andere. Wie kommt es zu dieser weitverbreiteten Einstellung, nach der das Leben von Insekten so viel mehr wert zu sein scheint als das Wohl der menschlichen Gesellschaft? Wieso erschüttert es uns in unserem Innersten, wenn wir vom Aussterben einer Art hören, von einem Prozess, der zu den natürlichsten auf der Welt zählt?

Der Natursoziologe Rainer Brämer hat diesen Umstand bereits 1997 in seinem „Jugendreport Natur" zutreffend als *Bambi-Syndrom* bezeichnet. Damit ist die Haltung der Jugendlichen gemeint, die Natur zu infantilisieren, sie als schön und harmonisch, aber auch als verletzlich und hilfsbedürftig zu betrachten, womit wir also wieder bei der romantischen Weltflucht wären. In den von Brämer durchgeführten Umfragen empfanden etwa 75 % der Befragten das Fällen von Bäumen als schädlichen Eingriff in die Natur. Bei der besonders pointiert formulierten Frage, ob es schädlich sei, *große* Bäume zu fällen, bejahten dies sogar 85 %. Nun will ich an dieser Stelle nicht über junge Menschen schimpfen. Im jugendlichen Alter darf man die Welt idealistisch und auch ein wenig naiv betrachten, das ist das Vorrecht der Jugend. In jedem Fall ist das besser, als in jungen Jahren bereits verbittert und zynisch zu sein. Auch ich habe in jüngeren Jahren Ansichten vertreten, die ich aus heutiger Sicht als naiv bezeichnen würde. Aber genau das ist der Punkt: Ich bin erwachsen geworden.

Erwachsen wird man aber nicht dadurch, dass man keine Videospiele mehr spielt und die Benimmregeln der Chefetage erlernt. Diese Form der Reife hat für mich eher etwas mit Fäule zu tun, sie geht zu oft mit geistiger Verarmung und Abstumpfung einher. Nirgendwo habe ich eine schönere Definition des Erwachsenwerdens gefunden als in den Berichten Martin Prechtels über seine Zeit bei den Maya-Indianern. Kurz vor dem Abschluss seiner Initiation erklärte ihm einer der Stammesältesten, dass ihm noch etwas zur Vollendung fehle: „Jedes Tier, jede Pflanze, jede Person, jeder Wind und jede Jahreszeit steht in der Schuld der Frucht alles anderen. Dieses Wissen ist ein erwachsenes Wissen. Sich dieser gegenseitigen Schuld zu entziehen bedeutet, dass man nicht am Leben teilnehmen und nicht erwachsen werden will." Das ist es! Wer sich weigert, das Grundgesetz der Natur anzuerkennen, dass ein Wesen sterben muss, damit ein anderes leben kann, verharrt in einer kindlich-trotzigen Haltung und weigert sich, erwachsen zu werden. Albert Schweitzer, der im Übrigen völlig zu Unrecht von den modernen Ökokraten für ihre Sache vereinnahmt wird, drückte es folgendermaßen aus:

„Dass in der Natur ein Geschöpf Leid über das andere bringt und aus Trieb oft in der grausamsten Weise mit ihm verfährt, ist ein schmerzvolles Geheimnis, das auf uns lastet, solange wir leben. Wer es fertigbringt, darunter nicht immer wieder aufs Neue zu leiden, hat aufgehört, wirklich Mensch zu sein. Auch wir selber sind unter das Gebot der Notwendigkeit getan, dass wir, um unsere Existenz zu erhalten, Leid über Geschöpfe bringen und sie töten müssen. Aber niemals dürfen wir aufhören, dies als etwas Trauriges und Unfassliches zu empfinden."

Die amerikanische Autorin Lierre Keith beschreibt in ihrem faszinierenden Buch *The Vegetarian Myth* eine ganz ähnliche Erfahrung. Von Jugend an hatte sie vegan gelebt, in der festen Überzeugung, damit ein Leben zu führen, das keinem anderen Wesen Schaden zufügt. Ihren ersten Bissen Fleisch nach zwanzigjähriger Abstinenz empfand sie als das Ende ihrer Jugend, als den Moment, in dem sie sich der Wahrheit der Erwachsenenwelt stellte: „For someone to live, someone else has to die" (Übersetzung: Damit jemand leben kann, muss jemand anderes sterben).

Damit sind wir nun beim Kern dieser ganzen Problematik angekommen, jener immer weiter um sich greifenden Lebenseinstellung, von der schon in der Einleitung die Rede war: dem Vegetarismus. Wenn ich diesen soeben als eine Lebenseinstellung bezeichnet habe, so war dieser Begriff bewusst gewählt. Auf Fleisch zu verzichten ist nicht nur *eine* Facette der eigenen Identität, wie beispielsweise nicht zu rauchen oder auf Alkohol zu verzichten. Vegetarismus ist eine Haltung, eine Weltanschauung, eine Frage der Gesamtidentität. Natürlich weiß ich, dass es unter den Vegetariern auch harmlosere Vertreter gibt, die – aus den unterschiedlichsten Gründen – eben einfach kein Fleisch essen, aber das nicht an die große Glocke hängen. Aber seien wir ehrlich, innerhalb der mächtigen Vegetarierlobby bildet diese Gruppe eine Minderheit. Vegetarier halten weltweite Treffen ab, missionieren leidenschaftlich und haben dogmatische Glaubenssätze. Und wie es bei dogmatischen Glaubenssätzen so üblich ist, halten sie einer kritischen Überprüfung meist nicht stand.

„Wenn ihr sehen würdet, wie die Tiere geschlachtet werden, würdet ihr sie nicht essen", lautet das wohl beliebteste Argument der vegetarischen Ideologie. Doch dieser These widerspricht vieles. Tatsächlich ist der moderne Vegetarismus vor allem ein Phänomen des städtischen Bildungsbürgertums; auf dem Land ist er nahezu unbekannt. Mit anderen Worten: Die Wahrscheinlichkeit, auf den Verzehr von Tieren zu verzichten, erhöht sich proportional zu der Distanz, die man zu ihnen hat.

In diesem Zusammenhang spielt natürlich auch die verzerrte Wahrnehmung der Stadtmenschen eine Rolle. Sie nehmen Nutztierhaltung nahezu ausschließlich über die Medien wahr, zumeist in Form von schockierenden Berichten über die grausamen Zustände in einigen Zuchtbetrieben. „Ich habe das mit eigenen Augen im Fernsehen gesehen!", bekommt man dann regelmäßig zu hören. Dass „mit eigenen Augen" und „im Fernsehen" ein Widerspruch in sich ist, merken leider nur die wenigsten. Damit hier keine Missverständnisse auftreten: Ich bezweifle überhaupt nicht, dass es derartige Missstände gibt, und es ist richtig und wichtig, die Bevölkerung darüber aufzuklären. Problematisch wird das Ganze nur, wenn diese Bilder 100 % unserer Wahrnehmung ausmachen – und von diesem Zustand sind wir nicht weit entfernt.

Vor einigen Jahren schaltete McDonald's einen Werbespot, in dem gezeigt wurde, wie ein Bauer, der McDonald's mit Rindfleisch beliefert, seine Rinder hält. Sicherlich war der Spot ein wenig idealisiert, aber nicht realitätsfremd: die Kühe wurden im Stall gezeigt, nicht auf der grünen Weide mit Swimmingpool. Der Protest ließ nicht lange auf sich warten, die Grausamkeiten der Tierzucht würden verharmlost, McDonald's verfolge mit dieser Aktion lediglich Marketingziele. Nun, der zweite Vorwurf ist mit Sicherheit richtig. Natürlich betreibt McDonald's mit so einem Spot Imagepflege, möchte Kunden gewinnen oder binden. Aber wo ist der Unterschied zu Tierrechtsorganisationen wie PETA? Auch deren Mitarbeiter leben nicht allein von Luft und Liebe. Spendengelder für Not leidende Tiere gewinnt man nun einmal nur, wenn man auch die Not der Tiere zeigt.

Dasselbe gilt für die Medien. Quote erreicht man mit schockierenden Nachrichten und Bildern, nicht damit, dass man den normalen Alltag eines Bauern zeigt – es sei denn, der Bauer würde am Ende der Sendung jemanden heiraten. Den Höhepunkt dieser Entwicklung bildete vor einiger Zeit ein geplanter Bericht der ARD über die Firma Wiesenhof mit dem Untertitel: „Das System Wiesenhof – wie ein Konzern Tiere, Menschen und Umwelt ausbeutet". Das Interessante an diesem Bericht war nur, dass der Titel in der Redaktionskonferenz bereits feststand, noch bevor man auch nur die geringste Recherche vor Ort durchgeführt hatte. Im Klartext bedeutet das: Man legt im Vorhinein fest, dass Wiesenhof ein böses Unternehmen ist, und dann zieht man mit der Kamera los, um diese bereits gefasste Meinung zu bestätigen. Dass hierbei kaum noch von journalistischer Sorgfalt gesprochen werden kann, versteht sich wohl von selbst.

„Die modernen, westlichen Gesellschaften tun so, als müssten – als könnten! – sie Tod und (individuelles) Leid aus der Welt schaffen", schreibt der Bestattungsunternehmer Fritz Roth. Falls Sie sich jetzt wundern, wieso hier plötzlich ein Bestattungsunternehmer zu Wort kommt, bedenken Sie bitte Folgendes: Wir haben nicht nur den tierischen Tod aus unserer Mitte verbannt, sondern auch den menschlichen. Schlachthäuser befinden sich zumeist weit außerhalb unserer Städte, dasselbe gilt oft für Friedhöfe. Auch wenn dieser Vergleich auf den ersten Blick etwas makaber erscheinen mag, so sind hier doch parallele Entwicklungen zu beobachten, denn in beiden Fällen trifft Roths Analyse zu. Es geht um den Versuch, Tod und Leiden aus unserem Alltag auszublenden. So wie der Mensch früher im Kreise seiner Angehörigen starb, anstatt umgeben von Infusionsschläuchen und Monitoren, so wurde das Schwein früher in aller Öffentlichkeit geschlachtet. Heute gelten Schlachtfeste als barbarisch. Aber wer weiß – wenn wir tatsächlich einmal einer

Schlachtung beiwohnen würden, würden wir Fleisch vielleicht mit größerem Respekt behandeln und nicht Millionen Kilo pro Jahr einfach wegwerfen.

Das nämlich ist der andere Teil des Erwachsenseins: Verantwortung.

Zwischenbetrachtung

„Tadeln ist leicht, deshalb versuchen sich so viele darin", schrieb der Maler Anselm Feuerbach. Auch sein Kollege Albrecht Dürer wusste: „Es ist gar viel leichter, ein Ding zu tadeln, als es selbst zu erfinden." Unter Künstlern scheint diese Einsicht besonders verbreitet zu sein. Das verwundert nicht, denn es sind die Kreativen, die Schöpfer, die Macher, die den Spott ihrer Mitmenschen am schärfsten zu spüren bekommen. Dasselbe gilt auch für Jesus. Hätte dieser nur gemeckert, wäre er seinem Schicksal am Kreuz vielleicht entgangen. Aber das war nicht seine Art.

„Du hast den besten Wein bis jetzt zurückgehalten!", fährt der Küchenchef bei der Hochzeit zu Kana den Bräutigam an. Dieser konnte freilich gar nichts dafür, war es doch Jesus gewesen, der wieder einmal die Konventionen gebrochen und den guten Wein erst zu späterer Stunde bereitgestellt hatte. Was den Verlauf dieses Buches angeht, habe ich mir erlaubt, es ihm gleichzutun. Bis zu dieser Stelle habe ich Ihnen den schlechten Wein präsentiert, habe versucht, ein Sittengemälde unserer Zeit und unserer Gesellschaft zu zeichnen, habe das aufgezeigt, was in unserem Umgang mit dem Menschen und seiner Natur falsch läuft.

Auch ich breche damit eine Konvention. Ein eisernes Dogma der modernen Pädagogik besagt, dass niemals das Falsche, sondern immer direkt das Richtige vorzuführen sei, damit sich auch nur dieses beim Zuhörer einpräge. Ich habe diesen Grundsatz immer für schwachsinnig gehalten. Es gehört zur Dialektik von Richtig und Falsch, dass das eine nicht ohne das andere existieren kann. Deshalb ist es erforderlich, auch das Falsche zu demonstrieren, denn nur so ist gewährleistet, dass der Zuhörer versteht, worauf es ankommt, wo die Fehlerquellen liegen. In der Hoffnung, dass Sie von alledem noch nicht betrunken sind, komme ich also nun zum guten Wein.

Ich habe die Geschichte von der Hochzeit zu Kana noch aus einem anderen Grund gewählt. In einer kleinen Gemeinde im Schwäbischen lobte ein Pfarrer in seiner Predigt einmal die positiven Seiten des Weingenusses. Anschließend kam ein Gemeindemitglied zu ihm und meinte, er solle sich derartige Äußerungen besser verkneifen. Als der Pfarrer dann auf die Hochzeit von Kana und auf Jesu Bereitstellung des Weines verwies, entgegnete sein Gegenüber trocken: „Des isch au net sei bescht Stück gwä."

Nun mag man in der Tat darüber streiten, ob diese Handlung die bedeutendste im Leben Jesu war. Hätten wir zu entscheiden, ob Jesus besser die Hochzeitsgäste mit Wein versorgen oder einen Blinden heilen solle, müssten wir vermutlich nicht lange überlegen. Aber es ist eben keine Frage des Entweder-oder. „Ich aber bringe das Leben – und dies im Überfluss", lässt Jesus seine Zuhörer wissen (Johannes 10,10), und zum Leben gehört mehr als körperliche Unversehrtheit, zum Leben gehört auch die Lebens*freude*, die sich hier in Form des Hochzeitsfestes offenbart, zu dem damals wie heute auch der Weingenuss gehört. Und prompt traten die Pharisäer auf den Plan, jene Miesepeter, die beim Fasten eine wehleidige Miene aufsetzen, damit sie von allen für ihren Verzicht gepriesen werden. Seit Beginn dieses Buches haben wir ihre Machenschaften verfolgt und ihre moderne Inkarnation in Form der Gutmenschen erkannt. Nun ist es an der Zeit, entschlossen zurückzuschlagen, und zwar mit drei Charaktereigenschaften, die dringend zurückerobert werden müssen und die jeden Gutmenschen vor Entsetzen erschauern lassen: Stolz, Lebensfreude und Tatkraft.

Stolz

Mit dem Stolz ist das so eine Sache. Aristoteles bezeichnete ihn als Krone der Tugenden. Andererseits hat er es aber auch in die Liste der sieben Todsünden geschafft. Also was denn nun? Halten wir uns zunächst an Aristoteles, der ein wahrer Meister im fein säuberlichen Differenzieren war. Er wusste, dass ein und dieselbe Sache gut oder schlecht sein kann, je nachdem, in welcher Weise sie gelebt oder betrieben wird. So lobte er beispielsweise die Demokratie als gute Staatsform, bemerkte aber auch, dass sie zur Pöbelherrschaft (Ochlokratie) ausarten kann. So ist es auch mit dem Stolz. Die christliche Tradition betrachtet Stolz als Sünde, da sie ihn in erster Linie als Eitelkeit (oft wird die Verkörperung des Stolzes auf Bildern mit einem Spiegel dargestellt) oder als Überheblichkeit im Sinne einer Auflehnung gegen Gott (Turmbau zu Babel) versteht.

Ich habe mich trotz dieser heiklen Vorgeschichte für den Stolz als eine der drei Eigenschaften entschieden, die es meiner Meinung nach zum Schutze der Menschheit wiederzubeleben gilt. Welche begriffliche Alternative hätte ich gehabt? Selbstbewusstsein? Das Wort ist mir zu philosophisch-psychologisch. In einer alten Aristoteles-Übersetzung fand ich den Begriff „Mannhaftigkeit". Gott bewahre …

Der menschliche Stolz hat in den vergangenen Jahrhunderten schwere Schläge einstecken müssen. Im Jahre 1871 veröffentlichte Charles Darwin sein monumentales Werk *Über die Abstammung des Menschen*. Ich brauche wohl niemandem zu erklären, welche These er in diesem Buch erstmals aussprach. Man kann dieses Ereignis mit Recht als einen der bedeutendsten Einschnitte in der Geschichte der Menschheit bezeichnen. Übrigens erschien Darwins Buch, nur wenige Monate nachdem die katholische Kirche auf dem Ersten Vatikanischen Konzil die Unfehlbarkeit des Papstes zum Dogma erhoben hatte. Sie fragen nach dem Zusammenhang? Es gibt keinen unmittelbaren. Es zeigt nur, wie sich Geschichte manchmal entwickelt. Während auf der einen Seite das Tor zur Moderne aufgestoßen wird, versucht die andere Seite mit allen Mitteln, dieses Tor geschlossen zu halten.

Darwin lässt die Christenheit bis heute nicht los, wobei der größte Widerstand nicht aus der katholischen Kirche kommt, die sich mit der Evolutionstheorie mittlerweile angefreundet hat. Das ist ja das Tolle am Papstamt, es ist unfehlbar und zugleich lernfähig. Immerhin wurde auch Galileo bereits im Jahre 1992 von der Kirche rehabilitiert. Der Widerstand gegen Darwin kommt heutzutage vor allem aus dem evangelikalen Lager, welches besonders stark in den USA vertreten ist. Auf die einzelnen damit verbundenen Verwicklungen möchte ich an dieser Stelle nicht eingehen, nur so viel: Die Tatsache, dass wir uns im 21. Jahrhundert immer noch mit radikalen Evolutionsgegnern herumschlagen müssen, ist wirklich unerfreulich. Vor allem auch deshalb, weil die Argumentationsweise sogar noch primitiver geworden ist. Als einziges Gegenargument wird zumeist die Autorität des biblischen Schöpfungsberichts angeführt.

Als Darwins Werk erstmals veröffentlicht wurde, sah die Sache noch ganz anders aus. Insbesondere der aufgeklärte Protestantismus des Deutschen Kaiserreiches hatte sich längst von der Lehre der wörtlichen Inspiration der Bibel verabschiedet. Die Argumentation verlief daher in ganz anderen Bahnen, man sah durch die Thesen Darwins nicht in erster Linie die Wahrhaftigkeit der Schrift, sondern die Sonderstellung des Menschen gefährdet, man wähnte ihn durch die Evolutionstheorie zu sehr in das Reich der Natur verschoben. Der berühmte Arzt Rudolf Virchow, ein Zeitgenosse dieser Ereignisse, kommentierte bereits im Erscheinungsjahr des Buches die ablehnende Haltung seiner Landsleute folgendermaßen: „Der menschliche Hochmut gestattet eine solche Annäherung nicht. Man verlangt unübersteigliche Schranken zwischen den Menschen und den Tieren; der Herr der Schöpfung muss ein besonderes Reich innerhalb des Geschaffenen bilden."

Aber nicht nur diese Facette spielte eine Rolle, auch die Tatsache, dass die Welt Milliarden von Jahren ohne den Menschen existiert haben soll, war für den christlichen Glauben, der doch stets – ob bewusst oder unbewusst – davon ausgegangen war, dass die Schöpfung der Tier- und Pflanzenwelt um des Menschen willen geschehen war, ein harter Schlag. In einem Satz: Die Evolutionstheorie fand ihren größten Gegner in der menschlichen Überheblichkeit, der negativen Ausartung des Stolzes. Für eine angemessene Form von Stolz hingegen geht von der Evolutionstheorie nicht die geringste Gefahr aus.

Ich glaube, es ist an der Zeit, diese ganze Debatte vom Kopf auf die Füße zu stellen. Versuchen wir einmal, uns ihr unvoreingenommen zu nähern. Ist es wirklich so demütigend, von einer Gruppe Primaten abzustammen, die sich aus den primitivsten Verhältnissen kommend über

Jahrtausende weiterentwickelt und gegen alle Widrigkeiten und Feinde behauptet hat, bis sie schließlich die Herrschaft über den Planeten übernahm? Ich finde, genau darauf können wir stolz sein! Der schlechte Ruf, den Darwins Theorie in dieser Hinsicht genießt, hängt nicht zuletzt mit dem im Deutschen verbreiteten, aber völlig falschen Ausdruck „Recht des Stärkeren" zusammen. Das klingt nach Straßenkampf und Messerstecherei.

Die eigentliche Formulierung Darwins „survival of the fittest" meint nämlich sehr viel mehr. Es geht nicht nur darum, wer mehr Muskeln hat, sondern auch darum, wer cleverer, flexibler und aktiver ist. Einer der entscheidenden Gründe, warum sich der Homo sapiens letztlich gegenüber anderen Spezies durchgesetzt hat, war nicht sein aufrechter Gang oder sonst irgendeine körperliche Überlegenheit, sondern seine Fähigkeit zu Arbeitsteilung und Tauschhandel. Innerhalb der Gruppe konzentrierte sich jeder auf das, was er am besten konnte. Der eine ging jagen, der andere sammelte Holz oder Früchte, wieder ein anderer stellte Kleidung oder andere Produkte her. Wenn es in einer Region zu Mangel an bestimmten Gütern kam, konnte mit anderen Stämmen getauscht und gehandelt werden. Auf diese Weise war der Homo sapiens weniger von äußeren Umständen abhängig, konnte längerfristig planen und sicherte sich so einen entscheidenden Überlebensvorteil – weswegen man übrigens meiner Ansicht nach Menschen, die den freien Handel ablehnen, mit einem gewissen Recht als Neandertaler bezeichnen kann.

In diesem Zusammenhang pflegt nun üblicherweise das Schreckgespenst des sogenannten Sozialdarwinismus seine Runde zu machen. „Was wird aus den Schwachen der Gesellschaft, wenn nur noch das Recht des Stärkeren gilt?", höre ich die Gutmenschen rufen. Ich weiß, ich habe gerade gesagt, dass der Begriff „Recht des Stärkeren" Unsinn ist, aber Gutmenschen hören für gewöhnlich nicht richtig zu.

Der entscheidende Punkt ist jedoch ein anderer. Werfen wir mal einen Blick in die ach so romantische Natur. Meinen Sie, ein Tiger käme auf die Idee, seine Beute, die er gerade erlegt hat, in gerechte Stücke aufzuteilen und einen fairen Anteil an seine hinkende Schwester abzugeben? Hier begegnen wir wieder mal einem faszinierenden Paradoxon: Dieselben Leute, die uns die Tiere stets als die besseren Menschen verkaufen wollen, haben panische Angst davor, dass wir uns genauso verhalten könnten.

Aber genau das tun wir eben nicht, und das liegt an unserer höheren Entwicklungsstufe. Mitgefühl, Hilfsbereitschaft, Güte, kurzum das, was wir als Menschlichkeit bezeichnen, wären, ohne diese Höherentwicklung nicht möglich gewesen. Menschlichkeit gibt es eben – wie das

Wort bereits hintergründig andeutet – nur unter Menschen. Es mag sein, dass wir den Großteil unserer Gene mit den Tieren gemein haben, von mir aus können es 99 % sein. Aber der qualitative Unterschied bleibt bestehen, und auf diesen dürfen wir stolz sein.

Können wir uns unsere Welt überhaupt ohne den Menschen vorstellen? Ich muss Sie enttäuschen, das war eine Fangfrage; wir können es nicht. Ich weiß, viele von Ihnen werden sagen, dass sie es sehr wohl können, dass sie gerade in diesem Moment ein Bild der Welt ohne Menschen in ihrem Kopf haben. Das Problem dabei ist nur:

Indem Sie sich diese Welt vorstellen, stellen Sie sich automatisch auch den Betrachter vor. Was Sie in der „Welt ohne Mensch" sehen (Tiere, Pflanzen, Berge etc.), sind Dinge, die nur wir auf diese Weise wahrnehmen, für die auch nur wir überhaupt Namen haben.

Anders wäre die Sache gewesen, wenn ich gefragt hätte, ob die Welt ohne Menschen existieren könne. Dann wäre die Antwort natürlich ein Ja gewesen. Aber vorstellen können wir sie uns nicht. Diese Begrenztheit bildet das Einfallstor für die zweite große „Demütigung" der Menschheit: Die Erkenntnisse der modernen Psychologie und Neurologie lassen den Menschen und seine Fähigkeiten in einem schlechten Licht erscheinen. Die Wirklichkeit sei eine Illusion, alles, was der Mensch für Wirklichkeit halte, sei nur ein Konstrukt seines Gehirns, so lautet – freilich stark vereinfacht – ein Glaubenssatz einiger Vertreter der genannten Disziplinen.

Meiner Ansicht nach liegt hier bereits ein methodischer Widerspruch vor. Es ist ein bisschen wie mit dem Kreter, der behauptet, dass alle Kreter Lügner seien. Ist dieser Kreter nun ein Lügner oder nicht? Unser Fall ist genauso verwirrend. Ein Mensch behauptet, er habe erkannt, dass Menschen nichts erkennen können. Was sollen wir damit anfangen?

So viel also zum radikalen Konstruktivismus, der jedwede Realität ablehnt. Grundsätzlich möchte ich den Konstruktivismus keineswegs infrage stellen, nur glaube ich, dass auch in diesem Falle ein Perspektivenwechsel dringend erforderlich ist. Ich bekenne, dass unsere Welt unser eigenes Konstrukt ist. Aber was heißt hier *nur*?

Kommen wir noch einmal auf die biblische Schöpfungsgeschichte zurück. Diese ist nämlich überaus wertvoll, wenn man sie nicht als naturwissenschaftlich-historischen Tatsachenbericht missbraucht: *„Gott, der Herr, setzte den Menschen in den Garten von Eden [...] Er formte aus dem Erdboden die Landtiere und die Vögel und brachte sie zu dem Menschen, um zu sehen, wie er sie nennen würde. Genauso sollten sie dann heißen"* (1. Mose 2,15–19).

Diese kleine Geschichte sagt im Grunde mehr als alle wissenschaftlichen Abhandlungen: Die materielle Erschaffung erfolgt durch Gott, aber die Namensgebung liegt ausschließlich in den Händen des Menschen. Man hat beinahe den Eindruck, als sei Gott regelrecht gespannt auf das Ergebnis. Der Mensch wird damit in die Rolle des *Mitschöpfers* erhoben – und genau das ist er auch. Es ist ein Jammer, dass unser kulturelles Erbe durch den faustischen Satz „Name ist Schall und Rauch" belastet ist, denn nichts könnte irreführender sein. Namensgebung ist Schöpfungsakt!

„*Die Grenzen meiner Sprache bedeuten die Grenzen meiner Welt*", schrieb der österreichische Philosoph Ludwig Wittgenstein und traf damit den Nagel auf den Kopf. Durch die Sprache hat sich der Mensch die Erde untertan gemacht, erst durch sie erhält unsere Realität überhaupt Sinn und Ordnung. Das bedeutet natürlich nicht, dass etwas, das keinen Namen hat, nicht existieren würde. Die materielle Schöpfung fand zuerst statt, dann erst erhielt der Mensch das Recht der Namensgebung.

Einer der größten Einwände, die stets gegen den Konstruktivismus erhoben werden, besteht in der Sorge, dass es keine objektive Realität mehr gäbe, dass durch dieses Konzept alles beliebig würde, jeder gleichsam seine eigenen Regeln aufstellen könne. Dieser Einwand ist zugleich berechtigt und unberechtigt. In jedem System gibt es Menschen, die gegen die Regeln verstoßen, aber deshalb sollte nicht gleich das ganze System infrage gestellt werden.

Ich möchte dies an einem kleinen Beispiel verdeutlichen. In Loriots legendärem Badewannensketch meint Herr Dr. Klöbner, nachdem er bereits längere Zeit mit seinem Widerpart in der leeren Wanne sitzen musste, dass es doch gewisse Argumente gäbe, die dafür sprächen, das Wasser jetzt einlaufen zu lassen. Als eines dieser Argumente führt er an, dass ein warmes Wannenbad *mit* Wasser zweckmäßiger sei als *ohne*, was Herrn Müller-Lüdenscheid zu der empörten Reaktion veranlasst: „Das ist Ihre ganz persönliche Meinung, Herr Dr. Klöbner!" Hier haben wir genau den Fall, den ich zuvor als Regelverstoß bezeichnet habe. Was Herr Dr. Klöbner äußert, ist eben nicht seine *persönliche* Meinung, sondern er gibt – in ergebener Zurückhaltung – unsere sprachliche Konvention wieder: Ein warmes Wannenbad *ohne* Wasser ist nämlich überhaupt kein warmes Wannenbad. Herr Müller-Lüdenscheid setzt sich allerdings selbstherrlich über diese Tatsache hinweg. Ist der Vorwurf der Beliebigkeit also doch berechtigt? Nein, und das merken Sie an unser aller Reaktion: Diese Szene ist zum Totlachen, weil sie absurd ist. Aber dass sie absurd ist, können wir nur empfinden, weil wir den Regelverstoß bemerken. Das System funktioniert.

„Mein lieber Watson, ich protestiere dagegen, dass man die Bescheidenheit zu den Tugenden rechnet. Dem strengen Denker sollte alles genau so erscheinen, wie es in Wirklichkeit ist, und die Selbstunterschätzung ist ebenso eine Abweichung von der Wahrheit wie die Übertreibung des eigenen Könnens." Vielleicht war Sherlock Holmes ein Nachfahre des Aristoteles, denn dieser hätte es nicht besser ausdrücken können.

Wenn Stolz zu Hochmut und Überheblichkeit ausartet, ist er verwerflich. Wer meint, den Menschen völlig aus der Natur herausheben oder sich die Welt nach eigenen Gutdünken zurechtlegen zu können, der baut einen modernen Turm zu Babel, der möchte Gott gleich sein. Aber wenn ich mir unsere Gesellschaft so anschaue, geht die Tendenz eher in die andere Richtung. Gleichheit wird gesucht, aber weniger mit Gott. Stattdessen wollen uns die Anti-Speziesisten und andere Fanatiker unserer individuellen menschlichen Charakteristika berauben. Vor ebendieser Gleichmacherei kann uns der Stolz bewahren. Denn Stolz ist der natürliche Feind der Gleichheit.

Lebensfreude

Ich hätte dieses Kapitel auch Lebens*lust* nennen können. Aber erstens wären wir damit schon wieder verdächtig nahe an den sieben Todsünden und zweitens bekäme ich vermutlich Urheberrechtsprobleme mit Manfred Lütz. Neben der terminologischen Frage möchte ich aber noch etwas anderes gleich zu Beginn deutlich machen:

Dies wird kein Lebenshilfekapitel über positives Denken. Bitte verstehen Sie mich nicht falsch, ich habe nicht das Geringste gegen positives Denken. Das Problem ist nur: Ein Satz wie „Denk positiv!" ist ungefähr so sinnvoll wie „Bleib wach!". Natürlich kann ich versuchen, länger und länger wach zu bleiben, kann mich anstrengen, kann auch auf bestimmte Hilfsmittel zurückgreifen, aber irgendwann holen mich die Bedürfnisse meines Körpers ein. Nicht anders ist es mit dem positiven Denken. Wer ständig nur positiv denken will, kämpft gegen seine Natur an, verleugnet einen Teil seiner Persönlichkeit. Lachen hat seine Zeit, Weinen hat seine Zeit. Auch diese Erkenntnis gehört zu den Dingen, die Papst Benedikt meinte, als er von der Ökologie des Menschen sprach, davon, dass auch der Mensch eine Natur habe, die er achten muss und nicht beliebig manipulieren kann.

Bei der Lebensfreude geht es also in erster Linie um das, was bereits im vorigen Kapitel beim Stichwort Stolz angesprochen wurde: um Angemessenheit. Angemessenheit ist allerdings nicht dasselbe wie Kontrolle! Kontrollierte Lebensfreude ist genauso ein Widerspruch wie freiheitliche Diktatur.

In früheren Zeiten hatte die Kirche die *Pole Position* inne, wenn es um die Kontrolle der Lebensfreude ging, im Volksmund auch als „Spielverderberei" bekannt. Diese

Problematik wurde übrigens nicht erst in der Moderne erkannt, sondern begleitet die Kirche im Grunde schon seit ihren Anfängen. Bereits im vierten Jahrhundert beklagte der Mönch Jovinian, dass die Kirche durch ihre übertrieben asketischen Forderungen ein Dogma gegen die Natur aufgestellt habe – eine Kritik, die ihm den Spitznamen „christlicher Epikur" sowie eine Verurteilung wegen Ketzerei einbrachte. Sei es durch innere Läuterung oder äußeren Machtverlust, in jedem Fall hat die Kirche ihre Stellung in Sachen Unterdrückung von Lebensfreude mittlerweile an andere abtreten müssen.

Der bereits erwähnte Manfred Lütz sieht in seinem inspirierenden Buch *Lebenslust* die Gesundheitsfanatiker als die neuen Meister dieser Disziplin. Meiner Ansicht nach hat dieses Erbe jedoch niemand mit größerer Würde angetreten als die modernen Pharisäer und Gutmenschen, allen voran die Ökokraten mit ihrer ständigen Vortäuschung guten Willens.

Wie wir bereits zu Beginn dieses Buches gesehen haben, predigen die Gutmenschen in erster Linie eine Ethik des Nicht-Tuns und des Verzichts: weniger Energie und Wasser verbrauchen, weniger mit dem Flugzeug reisen, kein Fleisch essen etc. Das verkaufen sie jedoch nicht als Verlust, sondern als Gewinn, mit der ewig gleichen Parole: „Weniger ist mehr." In bestimmten Lebenslagen mag dieser Satz zutreffend sein, aber in seiner inflationären Verwendung ist er nichts weiter als Opium fürs Volk. Weniger ist nämlich zunächst mal weniger.

Vor einigen Jahren kreierte Apple den Werbeslogan: „Wenn du kein iPhone hast, dann hast du kein iPhone." Was auf den ersten Blick etwas dümmlich wirken mag, trifft in Wahrheit genau den Kern der Sache: Wenn ich auf ein Wannenbad verzichte, um Wasser zu sparen, dann habe ich kein Wannenbad genommen. Wenn ich auf den Flug in die USA verzichte, um CO_2-Emissionen zu sparen, dann bin ich nicht bei meinen Freunden in North Carolina gewesen. Und das Credo „Ohne Fleisch fehlt dir nichts" treibt den Irrsinn auf die Spitze. Jedes Mal möchte ich ausrufen: Doch, ohne Fleisch fehlt mir Fleisch!

Eine faszinierende Parallele zwischen (früherer) Kirchenpraxis und modernem Gutmenschentum ist der *Ablasshandel*. Die Ausartung des Ablasswesens zu einer Art Wertpapiergeschäft war bekanntlich ein entscheidender Auslöser für die lutherische Reformation, deren 500-jähriges Jubiläum wir in wenigen Jahren begehen. Wer allerdings meint, dass wir damit auch das endgültige Ende des Ablasshandels feiern würden, irrt. Dieses System haben sich auch die modernen Ökokraten angeeignet, so zum Beispiel unser ehemaliger Umweltminister Klaus Töpfer.

Dieser ist mittlerweile Schirmherr der Initiative *atmosfair*, die in Sachen Ablasshandel jeden Renaissance-Papst beschämen würde. Atmosfair bietet folgenden Service an: Wenn Sie eine Reise mit dem Flugzeug planen, berechnet die Initiative für Sie die dadurch entstehende Menge an Klimagasen. Ich habe das gerade mal getestet: Ein Hin- und Rückflug von Frankfurt nach Edinburgh verbraucht laut atmosfair 580 kg CO_2. Nun erhalte ich die Information, dass es 14 Euro kosten würde, um Klimaschutzprojekte zu fördern, damit dieser CO_2-Ausstoß kompensiert werden kann. Atmosfair bietet mir freundlicherweise an, diesen Betrag von meinem Konto einzuziehen, um es den entsprechenden Projekten zuzuführen. Ich kann also nun guten Gewissens nach Schottland fliegen. „Ach", möchte man ausrufen, „wenn das ein Johann Tetzel noch hätte erleben dürfen!"

Der mächtigste Verbündete der Ablasshändler war und ist das schlechte Gewissen. Die Kunst des Ablasshändlers besteht darin, seinen Mitmenschen ebendieses einzureden. Würde er aber darauf warten, dass die Menschen Übeltaten wie Mord, Diebstahl oder Vergewaltigung begehen, hätte er (zum Glück) nur eine überschaubare Anzahl von Kunden. Er muss daher ganz natürliche und alltägliche Dinge zum Fehltritt erklären, und am besten solche, die den Menschen Spaß machen.

Früher hatte man sich auf die Sexualität eingeschossen, und das war brillant. Sexualität gehört zu den mächtigsten Trieben des Menschen, sie muss in irgendeiner Form ausgelebt werden. Wenn ich nun Dutzende von diesbezüglichen Regeln erlasse, habe ich gute Chancen, dass die Menschen diese übertreten werden – und schon klingelt das Geld im Kasten.

Nun hat die Sexualität aber seit den 68ern weitestgehend als Sündenpfuhl ausgedient. So wurde es für die modernen Pharisäer nötig, ein weiteres Grundbedürfnis der Menschen anzuzapfen, um über sie herrschen zu können. Man entschied sich für das Essen, und das war noch brillanter. Ich kann hier erst mal nur für mich sprechen, aber ich esse öfter, als dass ich Sex habe. Woran ich mehr Spaß habe, behalte ich für mich. Aber ob es nun ums Essen, Reisen oder Baden geht, der klassische Vorwurf der Gutmenschen gegen ihre eigene Spezies ist immer derselbe: Der Mensch nehme mehr, als er zum Leben brauche. Kaum eine Parole ist so effektiv, wenn es um das Einreden eines schlechten Gewissens geht. Lässt sich aber überhaupt verallgemeinernd festlegen, was *der* Mensch zum Leben braucht?

Der amerikanische Psychologe Abraham Maslow sprach in Bezug auf die menschlichen Bedürfnisse von einer *Bedürfnishierarchie*. Diese gliedert sich wie folgt:

- Physiologische Bedürfnisse (Essen, Trinken, Schlaf)
- Bedürfnis nach Sicherheit (körperliche Unversehrtheit, Schutz des Eigentums)
- Bedürfnis nach Zugehörigkeit und Liebe (Freundschaft, Familie, Intimität)
- Bedürfnis nach Achtung (Selbstachtung sowie Achtung seitens anderer)
- Bedürfnis nach Selbstverwirklichung

Maslow legte dar, dass immer erst eine Bedürfniskategorie befriedigt sein muss, damit die folgende von Interesse wird. Das dürfte jedem einleuchten. Für jemanden, der hungert, werden Bedürfnisse wie Freiheit nachrangig. Diese Erfahrung musste bereits der arme Mose machen, der sich, nachdem er gerade sein Volk aus der Knechtschaft Ägyptens geführt hatte, ständig das Gemecker seiner Gefolgsleute anhören musste, dort sei es doch so schön gewesen und man hätte immer genug zu essen gehabt.

Die eigentliche Erkenntnis Maslows war aber eine andere. Er stellte fest, dass der Mensch, wenn er vollständig von einem einzigen Bedürfnis wie beispielsweise Hunger beherrscht wird, glaubt, dass er auf ewig vollkommen glücklich sein werde, wenn nur dieses eine Bedürfnis befriedigt würde, wenn er also nur für den Rest seines Lebens genug zu essen hätte. Vielleicht kennen Sie solche

Menschen. „Wenn ich doch nur einen Job finden würde, wenn ich doch nur einen Partner hätte, wenn ich doch nur …, dann wäre ich für den Rest meines Lebens glücklich." Aber genau darin liegt der Irrtum! Denn, so erklärt Maslow, die neue Bedürfnisstufe tritt automatisch in Erscheinung, sobald die vorige befriedigt ist.

Das gilt auch für den heutzutage etwas belächelten Begriff „Selbstverwirklichung", der übrigens erst durch Maslow in unsere Alltagssprache eingeführt wurde. Der Begriff hat aber bei uns nur deshalb einen mitunter negativen Beigeschmack, weil er zum einen inflationär und zum anderen völlig falsch gebraucht wird. Selbstverwirklichung hat nämlich nichts mit Selbstständigkeit und dem Jodeldiplom zu tun. Ebenso wenig geht es dabei um eine „Ich tu, wonach mir ist"-Einstellung. Bei der Selbstverwirklichung geht es nicht darum, was man *will*, sondern darum, was man *kann*.

Maslow brachte es auf folgende Formel: „Was ein Mensch sein kann, muss er sein. Musiker müssen Musik machen, Künstler malen, Dichter schreiben, wenn sie sich letztlich in Frieden mit sich selbst befinden wollen."

Wenn wir dem Maslow'schen Modell folgen, erkennen wir, warum dieses ganze Gerede von „Mehr, als man zum Leben braucht" Unfug ist. Unsere Bedürfnisse passen sich unseren Gegebenheiten an. Schon Jesus wusste: „Der Mensch lebt nicht vom Brot allein."

Dieser Satz war übrigens auch der Titel eines Romans des russischen Schriftstellers Wladimir Dudinzew aus dem Jahre 1956. Der Roman handelt von dem jungen Ingenieur Lopatkin, der die Unterdrückung des kommunistischen Regimes zu spüren bekommt und, wie er selbst sagt, sein letztes Stück Brot gegen ein kleines Fünkchen Glauben eintauschen würde. Es ist hier vom Glauben an den Menschen die Rede, an seine Seele, die vom Brot allein nicht leben kann. Lopatkin sehnt sich nach der Entfaltung seiner eigenen Persönlichkeit, die ihm von der Diktatur des Kollektivs genommen zu werden droht. Auch wenn manche immer noch seinen Sturz bedauern mögen, der Kommunismus war und ist eine menschenverachtende Ideologie, weil er dem Menschen alles nimmt, was ihn ausmacht, und ihn auf seine materiellen Bedürfnisse zu reduzieren sucht. Individualität ist der Todfeind jedes totalitären Regimes, egal ob rechts oder links. Zur Individualität gehören aber auch individuelle Bedürfnisse, und diese gilt es damals wie heute gegen Kollektivisten zu verteidigen.

Vor Kurzem erkläre Katja Kipping, Vorsitzende der Linkspartei, ab 40 000 Euro im Monat gäbe es kein Mehr an Lebensgenuss. Woher weiß diese Frau das? Und warum ausgerechnet ab 40 000? Warum gibt es ein Mehr an Lebensgenuss zwischen 30 000 und 40 000, aber nicht zwischen 40 000 und 50 000 Euro? Nur ein Kollektivist käme auf die absurde Idee, verbindlich festlegen zu wollen, was *der* Mensch zu seinem Wohlbefinden braucht und was nicht. Dasselbe gilt auch für die Ernährung, bei der uns ständig vorgerechnet wird, welche Menge eines bestimmten Stoffes gesund bzw. ungesund für uns ist. Aber könnte es nicht vielleicht sein, dass ein 30-jähriger Mann von 1,85 Metern Größe und 110 kg einen anderen Energiebedarf hat als eine 40-jährige Frau, die 1,60 Meter groß ist und 55 kg wiegt?

Ich rede hier nicht der schrankenlosen Lustbefriedigung das Wort. Wie ich am Anfang sagte, gehört auch zur Lebensfreude Angemessenheit. Wenn der Mensch zu viel will, sündigt er. Bitte wundern Sie sich jetzt nicht über diesen Begriff, ich halte ihn für richtig und wichtig. Er wurde und wird nur leider allzu oft missbraucht. Unser Bedürfnis nach sexueller Intimität ist nicht verwerflich, aber Ehebruch und Vergewaltigung sind es. Unser Bedürfnis nach Achtung ist nicht schlecht, aber Lügen und Angeberei sind es. Gottes Gebote behalten ihre Gültigkeit, aber es geht darum, sie richtig zu verstehen. Dieses richtige Verständnis hat Jesus uns gebracht, bestätigt wird es durch den Apostel Paulus:

„Seid niemandem etwas schuldig, außer dass ihr euch untereinander liebt; denn wer den andern liebt, der hat das Gesetz erfüllt. Denn was da gesagt ist: ‚Du sollst nicht ehebrechen; du sollst nicht töten; du sollst nicht stehlen; du sollst nicht begehren', und was da sonst an Geboten ist, das wird in diesem Wort zusammengefasst: ‚Du sollst deinen Nächsten lieben wie dich selbst. "'(Römer 13,8–9)

Dass die Verbote des Tötens und Stehlens auf den Nächsten gerichtet sind, dürfte klar gewesen sein. Auffällig ist aber, dass Paulus auch das Begehren in diesen Zusammenhang stellt. Wie viele Menschen haben sich im Laufe der Geschichte ihrer Begierden, insbesondere sexueller Natur, geschämt und dafür gequält? Doch auch bei dem Verbot des Begehrens geht es überhaupt nicht um Askese und Verzicht an sich, sondern um das Wohl des Nächsten. Begehren ist dann verwerflich, wenn mein Nächster dadurch Schaden nimmt, wenn ich ihm beispielsweise seinen Erfolg nicht gönne und mich deshalb missgünstig verhalte. Christliches Handeln ist immer auf den Nächsten gerichtet.

Wir müssen uns unserer Bedürfnisse nicht schämen. Wenn Ihnen also das nächste Mal ein wohlmeinender Freund mit dem Satz kommt: „Andere Menschen haben nicht mal was zu essen, und du sorgst dich um deinen Job/Partner/Ruf etc.", können Sie sich entspannt zurücklehnen. Das Bedürfnis nach Sicherheit/Liebe/Achtung ist genauso legitim wie das Bedürfnis nach Nahrung. Natürlich tut es gut, sich gelegentlich daran zu erinnern, welche Privilegien wir als Bewohner der westlichen Welt genießen. Wer aber glaubt, seine eigenen Bedürfnisse unterdrücken zu müssen, kämpft gegen seine Natur an und tut sich in puncto Lebensfreude keinen Gefallen.

Im Übrigen hilft er auch sonst niemandem damit. Nichts braucht die Welt mehr als lebensfrohe Menschen. Denn es gibt nichts Schöneres, womit man andere Menschen anstecken kann.

Tatkraft

Rendezvous, Liaison, Affäre – nein, dies ist keine Fortsetzung des Themas Lebensfreude. Eigentlich soll es hier um französische Begriffe gehen, die ihren Weg in die deutsche Sprache gefunden haben. Zu solchen Importen kommt es immer dann, wenn der eigenen Kultur ein konkreter Ausdruck für das zu Bezeichnende fehlt. Nichts verrät mehr über den Gemütszustand eines Volkes als die Begriffe, die es sich bei anderen leihen muss. Anscheinend hatten wir Deutschen es also nicht so mit den Liebschaften.

Im Gegenzug ist es aber ebenso aufschlussreich, sich anzuschauen, welche Begriffe sich andere Völker von uns geliehen haben. Die Spannbreite ist dabei enorm, sie reicht von Gemütlichkeit bis Blitzkrieg. Aber nichts erfüllt mich mit mehr Nationalstolz, als einen Franzosen von *le waldsterben* sprechen zu hören. Hier stellt sich natürlich die Frage, wie es zu diesem Wortimport kommen konnte. Wenn wir unserer soeben aufgestellten Regel folgen, müssten wir vermuten, dass Waldsterben ein auf den deutschen Sprachraum beschränktes Phänomen sei, das in anderen Ländern nicht vorkomme. Das wäre aber mehr als verwirrend, schließlich ist das Waldsterben doch ein globales ökologisches Problem, oder?

Ich kann solche kniffligen Fragen nicht beantworten, aber zum Glück haben wir Experten wie Günter Grass, der ein ausgewiesener Kenner sowohl der deutschen Sprache als auch des Waldsterbens ist. Zu Letzterem steuerte Grass sogar einen Beitrag in einem entsprechenden Dokumentationsband bei, der fortan als Schulbuch dienen sollte. Bei der Vorstellung des Buches an einer Lübecker Schule stellte ein Achtklässler Herrn Grass dann die berechtigte Frage, welchen Bezug er eigentlich zum

Waldsterben habe. Doch ein Nobelpreisträger lässt sich von so etwas natürlich nicht aus der Ruhe bringen, im Gegenteil, er ließ seine Zuhörer wissen, dass ihm das Waldsterben schon sehr viel früher aufgefallen sei als den meisten anderen Menschen, ebenso wie die diesbezügliche Untätigkeit. Tja, Herr Grass, das ist der Fluch der Kassandra!

In Wirklichkeit hat es das flächendeckende Waldsterben natürlich weder in Deutschland noch sonst irgendwo auf der Welt jemals gegeben. Unser Land ist nach wie vor zu etwa einem Drittel mit Wäldern bedeckt, in den vergangenen Jahrzehnten sind sogar etwa eine Million Hektar hinzugekommen. So gesehen ist das Waldsterben tatsächlich ein deutsches Phänomen – denn nur uns Deutschen konnte man einen solchen Unsinn einreden!

Warum die Panikmacher mit uns so leichtes Spiel haben, erklärt sich aus einem anderen Begriff, der zum Exportschlager geworden ist, der *German Angst*. Bei diesem Import greift dasselbe Prinzip wie bei *le waldsterben*. Es ist ja keineswegs so, dass Briten und Amerikaner kein eigenes Wort für Angst in ihrem Wortschatz hätten: *fear, anxiety, fright, trepidation*, die Liste ist lang. Aber sie haben eben kein Wort für *unsere* Form von Angst, für diesen uns permanent begleitenden Zustand, der dazu führt, immer nur die Gefahren, aber niemals die Vorteile einer Sache zu sehen. Eine Gesellschaft lebt von ihren Machern, doch ebendiese erfahren bei uns in erster Linie eines: Undank.

Dieser Mechanismus ist uns in unserer Geschichte schon mehrfach zum Verhängnis geworden. Eine besonders tragische Figur in dieser Hinsicht war Reichskanzler Gustav Stresemann, der im Jahre 1923, als es an allen Ecken und Enden des Reiches brannte und die junge Republik kurz vor dem Zusammenbruch stand, das Ruder herumriss. Er schlug die Aufstände von rechts und links nieder, brach den sogenannten passiven Widerstand im französisch besetzten Rheinland ab und beendete die Hyperinflation durch Einführung der Rentenmark. Im Reichstag schmetterte er seinen Kritikern die legendären Worte entgegen, die damals wie heute Geltung beanspruchen können: „Was fehlt dem deutschen Volke? Uns fehlt der Mut zur Verantwortlichkeit!"

Nach hundert Tagen Amtszeit und einer heroischen Bilanz fiel Stresemann einem Misstrauensvotum zum Opfer. Ergreifend die Worte des damaligen Reichspräsidenten Friedrich Ebert an seine Parteigenossen der SPD, die den Sturz Stresemanns herbeiführten: „Was euch veranlasst, den Kanzler zu stürzen, ist in sechs Wochen vergessen. Aber die Folgen eurer Dummheit, die werdet ihr noch zehn Jahre lang spüren!" Exakt zehn Jahre später übernahm Adolf Hitler das Amt des Reichskanzlers.

Es gibt eine Redewendung in unserer Kultur, die mich mit einer gewissen Traurigkeit erfüllt: „Freiheit bedeutet nicht, tun zu können, was man will, sondern nicht tun zu müssen, was man nicht will." Nicht, dass diese Aussage grundsätzlich falsch wäre. Es ist völlig korrekt, dass zur Freiheit auch dieser zweite Aspekt gehört, aber nicht ohne Grund bezeichnet man ihn als *negative* Freiheit. Kaum jemand hat diese typisch deutsche Sichtweise in jüngster Zeit so nachdrücklich angesprochen wie unser Bundespräsident. In seinem Plädoyer für die Freiheit erzählt Joachim Gauck, wie kurz nach der friedlichen Revolution in der DDR ein ehemaliger Pfarrerkollege auf ihn zukam und sich darüber beklagte, dass fast sämtliche politischen Ämter mit ehemaligen Parteifunktionären besetzt worden seien. Daraufhin fragte Gauck ihn: „Lieber Freund, hast du denn selbst den Finger gehoben, als es um die Ämter ging, auf denen jetzt die sitzen, deren Anwesenheit du beklagst?" Auf diese Idee war sein Freund nicht gekommen, war aber bereit, die Machtausübung kritisch zu beäugen. Was sagte Stresemann noch gleich, woran es dem deutschen Volk mangele?

Ich hatte jüngst eine ganz ähnliche Erfahrung, als ich eine Freundin darüber klagen hörte, dass die Reichen in unserem Land so egoistisch seien und so wenig von ihrem Geld spendeten. Man könne so viel Gutes mit dem Geld tun, meinte sie, und wenn sie reich wäre, würde sie ihr

Geld nur dafür verwenden. Daraufhin fragte ich sie: „Warum versuchst du dann nicht einfach, reich zu werden, um damit Gutes zu tun?" Diese Idee gefiel ihr ganz und gar nicht, sie wollte ihr Leben ungern dem Geldverdienen widmen. Ob sie denn dann nicht auch egoistisch sei, da sie doch ebenso ihre eigenen Interessen vor die der Allgemeinheit stelle … fragte ich sie lieber nicht, ich hätte das Restaurant ungern vorzeitig verlassen wollen.

Es ist immer dasselbe mit den sogenannten Weltverbesserern. Andere kritisch zu begleiten fällt ihnen leicht, selbst aktiv zu werden hingegen ist ihnen zuwider. Stattdessen ist man lieber betroffen. Oder äußert Bedenken. Oder am besten beides, so kommt man garantiert in die Schlagzeilen. „Frau X zeigte sich betroffen über die Ereignisse Y und äußerte Bedenken bezüglich der Entwicklung Z." Und da wundern sich Leute über das Zeitungssterben!

Vielen dieser Weltverbesserer mangelt es an einer ganz entscheidenden Tugend: der *Tatkraft*. Anders als beim Stolz und der Lebensfreude, die sich mitunter verdächtig der Region der sieben Todsünden nähern, ist die Tatkraft ganz eindeutig eine christliche Tugend, denn nicht sie, sondern ihr Gegenstück, die Trägheit, zählt zum genannten Sündenkatalog – und das mit Recht!

Es gehört zu den großen und bedauerlichen Missverständnissen der Geschichte des Christentums, dass es bei der christlichen Ethik angeblich darum ginge, das Elend der Welt passiv zu ertragen. Diese Sichtweise verdanken wir nicht zuletzt den Ostermarschierern und ihrer Gepflogenheit, Jesus als Kronzeugen gegen den NATO-Doppelbeschluss anzuführen. Dabei beruht die Parole „Selig sind die Friedfertigen" auf einer schlichten Fehlübersetzung. Wer sich das Original anschaut, wird feststellen, dass hier nicht von den Friedfertigen die Rede ist, sondern von den *Friedensstiftern*, also nicht von denen, die mit friedlicher Gesinnung auf einer Wiese kampieren, sondern von denjenigen, die sich aktiv für den Frieden einsetzen. Die Engländer haben die wahre Bedeutung besser konserviert in ihrem „Blessed are the Peacemakers".

Dietrich Bonhoeffer, der sich aus christlicher Verantwortung heraus den Verschwörern des 20. Juli anschloss, formulierte klar und deutlich: *„Wehrlosigkeit als Prinzip des weltlichen Lebens ist gottlose Zerstörung der von Gott gnädig erhaltenen Ordnung der Welt."* Dabei war er keineswegs so selbstgerecht, sein eigenes Handeln als heilig darzustellen:

„Es musste sich herausstellen, dass eine entscheidende Grunderkenntnis den Deutschen noch fehlte: die von der Notwendigkeit der freien, verantwortlichen Tat auch gegen

Beruf und Auftrag. An ihre Stelle trat einerseits verantwortungslose Skrupellosigkeit, andererseits selbstquälerische Skrupelhaftigkeit, die nie zur Tat führte. Civilcourage aber kann nur aus der freien Verantwortlichkeit des freien Mannes erwachsen. Die Deutschen fangen erst heute an zu entdecken, was freie Verantwortung heißt. Sie beruht auf einem Gott, der das freie Glaubenswagnis verantwortlicher Tat fordert und der dem, der darüber zum Sünder wird, Vergebung und Trost zuspricht."

An dieser Stelle haben wir nun zwei Möglichkeiten. Wir können uns entweder fragen, warum wir so sind, wie wir sind, oder wir können daran arbeiten, uns zu verändern. Das Erste wäre typisch deutsch, das Zweite ist sinnvoll. Hierbei fällt mir immer der alte Witz ein von dem Mann, der seine Frau schlägt und daraufhin seinen Arzt fragt, ob er lieber eine Psychoanalyse oder eine Verhaltenstherapie beginnen solle. Der Arzt erwidert: „Das kommt darauf an. Wollen Sie aufhören, Ihre Frau zu schlagen, oder wollen Sie wissen, warum Sie Ihre Frau schlagen?"

Nun ist es ja keineswegs so, dass Letzteres nicht auch irgendwo interessant wäre. Der Psychoanalytiker Carl Gustav Jung beispielsweise vermutete, dass Völker durch bestimmte historische Erfahrungen kollektive Gemütszustände entwickeln können. Die Autorin Sabine Bode geht in ihrem vor wenigen Jahren erschienenen Buch *Die deutsche Krankheit – German Angst* davon aus, dass für uns Deutsche der Zweite Weltkrieg ebenjene historische Erfahrung darstellte, die der Nachkriegsgeneration ein ständiges Angstgefühl hinterlassen hat. Das kann jedoch nicht die einzige Ursache sein, denn an Beispielen wie Stresemann und Bonhoeffer können wir ersehen, dass dieses Problem keineswegs nur ein Nachkriegstrauma ist. Wie dem auch sei, die Ursachenforschung gestaltet sich schwierig. Hören wir lieber auf die Worte Jesu: „Wer seine Hand an den Pflug legt und sieht zurück, der ist nicht geschickt zum Reich Gottes"(Lukas 9,62).

Aber nicht nur durch seine Worte, vor allem durch sein Beispiel fordert Jesus uns zu jener freien Verantwortlichkeit auf, von der Bonhoeffer sprach. Auch er hatte oft zwischen verschiedenen Faktoren abzuwägen. Als er sich entschloss, am Sabbat eine Frau zu heilen, brach er bewusst das jüdische Gebot. Auch wenn es uns heutzutage nicht besonders schwierig erscheint, zwischen der Heilung eines Menschen und der Beachtung eines Feiertags abzuwägen, dürfen wir uns hier nicht täuschen lassen. Jesus lebte in den jüdischen Traditionen seiner Zeit, und es wäre verfehlt anzunehmen, dass er keinen Respekt vor ihnen gehabt hätte. Er war kein rebellischer Trotzkopf, der es den „Alten" mal richtig zeigen wollte. Er hatte sehr wohl Respekt vor der Beachtung des Sabbats, aber er stellte das Gebot der Nächstenliebe über das Sabbatgebot.

Leichtfertig wird er diese Entscheidung nicht getroffen haben, ebenso wenig wie bei der Vertreibung der Geldwechsler aus dem Tempel, die eine völlig andere Seite Jesu zeigt.

Wer darin eine ethische Inkonsequenz sehen will, verkennt, dass auch Jesus Einzelfallentscheidungen traf, bei denen er abwägen musste. In diesem konkreten Fall stellte er die Wahrung der Ehre Gottes über Sanftmut und Friedfertigkeit. *Habe den Mut, deine eigenen Entscheidungen zu treffen!* Das ist eine der entscheidenden ethischen Weisungen Jesu, die sich zwar in dieser Form nicht in seinen Worten findet, aber aus seinen Taten spricht.

Die Ethik Jesu ist eine Ethik der Tat. Darin liegt, wie wir bereits zu Beginn dieses Buches gesehen haben, die Ursache seines Dauerkonflikts mit den Pharisäern und ihrer Ethik des Nichthandelns. Ebendiese Ethik der Tat zeigt Jesus in solchen Momenten wie der Heilung am Sabbat. Noch deutlicher wird sie allerdings in dem folgenden Gleichnis:

„Es wird dann so sein wie bei dem Mann, der ins Ausland reisen wollte. Er rief alle seine Verwalter zusammen und beauftragte sie, während seiner Abwesenheit mit seinem Vermögen zu arbeiten. Dem einen gab er fünf Zentner Silberstücke, einem anderen zwei und dem dritten einen

Zentner, jedem nach seinen Fähigkeiten. Danach reiste er ab. Der Mann mit den fünf Zentnern Silberstücke war so erfolgreich bei seinen Geschäften, dass er die Summe verdoppeln konnte. Auch der die zwei Zentner bekommen hatte, verdiente zwei hinzu. Der dritte aber vergrub sein Geld an einem sicheren Ort. Nach langer Zeit kehrte der Herr von seiner Reise zurück und forderte seine Verwalter auf, mit ihm abzurechnen. Der Mann, der fünf Zentner Silbergeld erhalten hatte, brachte zehn Zentner. Er sagte: ‚Herr, fünf Zentner hast du mir gegeben. Hier, ich habe fünf dazuverdient.‘ Da lobte ihn sein Herr: ‚Du warst tüchtig und zuverlässig. In kleinen Dingen bist du treu gewesen, darum werde ich dir größere Aufgaben anvertrauen. Ich lade dich zu meinem Fest ein!‘ Danach kam der Mann mit den zwei Zentnern. Er berichtete: ‚Herr, auch ich habe den Betrag verdoppeln können.‘ Da lobte ihn der Herr: ‚Du warst tüchtig und zuverlässig. In kleinen Dingen bist du treu gewesen, darum werde ich dir größere Aufgaben anvertrauen. Ich lade dich zu meinem Fest ein!‘ Schließlich kam der mit dem einen Zentner Silberstücke und erklärte: ‚Ich kenne dich als strengen Herrn und dachte: Du erntest, was andere gesät haben; du nimmst dir, was ich verdient habe. Aus Angst habe ich das Geld sicher aufbewahrt. Hier hast du es wieder zurück!‘ Zornig antwortete ihm darauf sein Herr: ‚Auf dich ist kein Verlass, und faul bist du auch noch! Wenn du schon der Meinung bist, dass ich ernte, was andere gesät haben, und mir nehme, was du verdient hast, hättest du zumindest mein Vermögen bei einer Bank anlegen können! Dort hätte es wenigstens Zinsen gebracht! Nehmt ihm das Geld weg, und gebt es dem, der die fünf Zentner hatte! Denn wer viel hat, der bekommt noch mehr dazu, ja, er wird mehr als genug haben! Wer aber nichts hat, dem wird selbst noch das wenige, das er hat, genommen. Und jetzt werft diesen Nichtsnutz hinaus in die Finsternis, wo es nur Weinen und ohnmächtiges Jammern gibt!'" (Matthäus 25,14–30)

Unser Talent ist Gottes Geschenk an uns. Was wir daraus machen, geben wir Gott zurück. So könnte man den Sinn dieses Gleichnisses in aller Kürze zusammenfassen. Dennoch möchte ich zwei Dinge hervorheben, die mir besonders wichtig erscheinen. Da wäre zu Beginn der Hinweis bei der Verteilung des Geldes, dass es „jedem nach seinen Fähigkeiten" verliehen wurde. Diese Information ist von unschätzbarer Bedeutung. Aus zwei Zentnern lassen sich nun nicht mal eben zehn machen, und das hat der Hausherr auch nicht von seinem Verwalter erwartet. Vielleicht erscheint uns unser eigenes Handeln oft unbedeutend im Vergleich zu anderen, aber nicht jeder von uns ist zum Nobelpreisträger, Spitzensportler oder Ministerpräsidenten geboren. Aus dem mir Anvertrauten das Beste zu machen, das ist der Wunsch Gottes, nicht mehr, aber auch nicht weniger. „Demut heißt, sich nicht zu vergleichen", wie es der schwedische UN-Generalsekretär Dag Hammarskjöld so treffend ausdrückte.

Der zweite Punkt ist die Begründung des dritten Verwalters für sein Verhalten. Ganz offen gibt er es zu: „Aus Angst habe ich das Geld sicher aufbewahrt." Diese Ehrlichkeit ist erfrischend. Der moderne Angestellte verkauft seine Angst gerne als Loyalität oder erfindet andere wohlklingende Begriffe dafür – und macht sich dadurch gleich einer weiteren Sünde schuldig, der Heuchelei.

Ein ebenfalls überaus beliebter Weg, seine Unsicherheit zu verbergen, ist das Etikett „Differenziertheit". An dieser Stelle muss ich eine Lanze für Margot Käßmann brechen. Einen Satz wie „Nichts ist gut in Afghanistan" finde ich zwar inhaltlich fragwürdig, aber die Formulierung ist gelungen. Klar und deutlich, so muss eine Aussage sein! Hätte man ihren Amtsnachfolger zur Lage in Afghanistan befragt, hätte sich dieser vermutlich deutlich differenzierter ausgedrückt, aber zu einer konkreten Beurteilung wäre es wohl nicht gekommen.

Das begriffliche Gegenstück zu „differenziert" bildet das Unwort des Jahres 2010: „alternativlos". Selten habe ich mich mehr über eine Entscheidung gefreut als bei dieser Wahl. Dieser Begriff beschreibt, wie bereits erwähnt, genau das Gegenteil von „differenziert", erwächst aber aus demselben Gefühl, nämlich der Angst vor der Entscheidung. Deshalb führt er auch zu einem ähnlich fatalen Ergebnis. Differenziertheit führt im Extremfall dazu, dass man vor lauter Faktoren gar nicht zu einem Ergebnis findet. Alternativlosigkeit führt immer zu einem Ergebnis, aber ohne andere Möglichkeiten ausreichend berücksichtigt zu haben. In beiden Fällen kann also nicht von einer Entscheidung im eigentlichen Sinne gesprochen werden.

Im Gegensatz zu einigen anderen Denkmustern, die wir im Laufe dieses Buches kennengelernt haben, ist die Alternativlosigkeit ein noch recht junges Phänomen, und das ist kein Zufall. Warum in der Antike und dem Mittelalter niemand auf so einen Begriff gekommen wäre, beschrieb Friedrich Dürrenmatt mit folgenden Worten:

„Aus Hitler und Stalin lassen sich keine Wallensteine mehr machen. Ihre Macht ist so riesenhaft, dass sie selber nur noch zufällige, äußere Ausdrucksformen dieser Macht sind, beliebig zu ersetzen, und das Unglück, das man besonders mit dem Ersten und ziemlich mit dem Zweiten verbindet, ist zu weit verzweigt, zu verworren, zu grausam, zu mechanisch geworden und oft einfach auch allzu sinnlos. Die Macht Wallensteins ist eine noch sichtbare Macht, die heutige Macht ist nur zum kleinsten Teil sichtbar, wie bei einem Eisberg ist der größte Teil im Gesichtslosen, Abstrakten versunken [...] Kreons Sekretäre erledigen den Fall Antigone."

Wenngleich der Schweizer Dichter hier selbstverständlich aus der Sicht eines Dramatikers schreibt, so hat er doch das Entscheidende auch für uns bestens herausgearbeitet. Zwar sollte man sich vor einer Idealisierung früherer Epochen als einer Zeit großer Männer und Heldentaten hüten. Doch kann nicht bestritten werden, dass dem Einzelnen und seiner Leistung in früheren Zeiten eine weitaus größere Bedeutung zukam als in der Moderne. In einer globalisierten Welt mit über sieben Milliarden Menschen fühlen wir uns alle oft nur noch als Teil eines Systems, das mächtiger ist als wir, das uns sagt, was wir tun sollen, das uns keine Alternativen mehr zu liefern scheint. Dieses Gefühl ist nicht vollkommen unbegründet; die Welt hat sich in diese Richtung entwickelt. Doch der Mensch ist seiner Fähigkeit zur aktiven Gestaltung nur in der Quantität, nicht in der Qualität beraubt. Letzten Endes bedeutet Alternativlosigkeit nichts anderes als die Bankrotterklärung des Menschen – aus Angst. Angst ist der größte Feind der Tatkraft.

Nun ist es natürlich nicht so, dass Angst ein grundsätzlich falsches Gefühl wäre. Sie ist ein überlebenswichtiger Mechanismus, der uns vor Gefahren und Fehlern bewahrt. Für die Tatkraft gilt dasselbe wie für Stolz und Lebensfreude: Sie muss von Angemessenheit begleitet sein. Spektakuläre Aktionen à la Greenpeace sind vor allem dem eigenen Ego dienlich. Ebenso sind Loyalität oder

Differenziertheit selbstverständlich keine durchweg negativen Eigenschaften. Sie dürfen nur nicht zu Ausreden verkommen. Wenn die Angst überhandnimmt, wenn sie uns lähmt, ist sie nicht nur unnütz, sondern sogar schädlich, und genau das war das Verhängnis des dritten Verwalters. Ihn sollte man sich nicht zum Vorbild nehmen.

Epilog

Ich habe all die Jahre versucht, es geheim zu halten, aber jetzt muss es raus: Ich war auf derselben Schule wie Jürgen Rüttgers. Nun gut, es gibt Schlimmeres. Ich war auch in demselben Stipendienprogramm wie Ulrike Meinhof. Aber eines kann ich guten Gewissens sagen: Ich habe nicht auf dem Beifahrersitz von Frau Käßmanns Phaeton gesessen. Wie kam ich jetzt darauf? Ach ja, Jürgen Rüttgers, der Mann, der vor einigen Jahren ernsthaft wagte zu behaupten, das christliche Menschenbild sei anderen überlegen. „Rüttgers bläst zum Heiligen Krieg", lautete eine Schlagzeile jener Tage. An dieser Stelle könnte man wieder eine faszinierende Analyse über die *Gleich-Gültigkeit* in unserem Land anstellen, aber das hatten wir ja schon. Ich will auf etwas anderes hinaus.

Auf den ersten Blick hätte das im vorigen Kapitel besprochene Gleichnis von den anvertrauten Talenten auch in einem Lebenshilferatgeber mit dem Titel „Entdecke dein Potenzial!" stehen können. Aber es hat seinen guten Grund, dass diese Geschichte ihren Platz im Evangelium hat, denn sie hat eine ganz entscheidende theologische Pointe, die letztlich als Leitbild über diesem ganzen Buch steht: Glaubt Gott an uns?

Diese Frage mag zunächst überraschen. Sie soll es auch, vorhersehbare Fragen sind langweilig. Aber genau diese Frage ist es, die Jesus in seinem Gleichnis beantworten will. Ja, Gott glaubt an uns! Die lähmende Angst des dritten Verwalters beruht auf dem falschen Bild, das er sich von seinem Herrn macht. Mit diesem abschreckenden Beispiel will uns das Gleichnis wachrütteln, uns von einem falschen Gottesbild befreien. Auch viele Christen neigen dazu, Gott als einen kleinlichen Überwacher zu sehen, der sie für Übertretungen seiner Gebote bestraft. Aus diesem Grund wenden sich Christen von der Welt und den Menschen ab, versuchen den Rückzug aus dem Reich der Sünde. Aber Gott wünscht sich keine ängstlichen Sklaven, sondern freie, aktive Mitarbeiter. Mit denen, die ihre Fähigkeiten aus Angst verstecken, ist er unnachgiebig.

Unser Gottesbild und unser Menschenbild hängen aufs Engste miteinander zusammen. Im Bewusstsein unserer Stellung vor Gott erkennen wir unsere Rolle in dieser

Welt. Aus dem christlichen Gottesbild ergibt sich somit unmittelbar das christliche Menschenbild, das Bild vom Menschen als verantwortungsvollem Gestalter. Und dieses Menschenbild ist in der Tat anderen überlegen, da muss ich unserem ehemaligen Bildungsminister recht geben. Natürlich gibt es bedeutendere Autoritäten als Herrn Rüttgers, um sich für das christliche Menschenbild einzusetzen. Aber er ist ein gutes Beispiel dafür, dass Menschen, denen man auf den ersten Blick einen solchen Standpunkt nicht zugetraut hätte, uns manchmal überraschen können.

Noch größer dürfte die Überraschung allerdings bei einem anderen Herrn sein, der ebenfalls vehement für die Überlegenheit christlicher Ethik eintrat: Albert Schweitzer.

Der Friedensnobelpreisträger des Jahres 1952, der vor 100 Jahren sein Hospital in Lambarene gründete, gilt weltweit als Ikone der Humanität. Ein Gutmensch war er allerdings nicht. Im Übrigen auch kein Vegetarier, wie immer wieder behauptet wird. *Le grand docteur* machte bei seiner ärztlichen Hilfe keinerlei Unterschied zwischen Weißen und Schwarzen oder zwischen Anhängern verschiedener Religionen – wie es sich für einen Christen gehört. Das bedeutet aber keineswegs, dass er nicht um die Unterschiede zwischen den Menschen gewusst hätte, auch und gerade zwischen den Religionen. Mit Nachdruck betonte er die Überlegenheit des Christentums, insbesondere gegenüber den indischen Religionen:

„Gerne gibt sich die indische Religiosität als die Religiosität des universellen Mitleids aus. Viel redet sie von dem Mitleid, das wir für alle Kreatur empfinden sollen. Zugleich aber lehrt sie, dass das Ideal die totale Interessenlosigkeit und Tatenlosigkeit sei und dass auch der Enthusiasmus für das Gute noch als eine zuletzt zu überwindende Leidenschaft gelten müsse. Von dem intellektuellen Mitleid kommen der Brahmane und der Buddhist nicht zum Mitleid der Tat.“

Der Begriff *Ehrfurcht vor dem Leben* wurde zu Schweitzers verbalem Vermächtnis. Aber noch schöner finde ich den hier verwendeten Ausdruck *Mitleid der Tat*, denn er drückt wie kein zweiter das Spezifikum christlicher Ethik aus. Auch ein Buddhist könnte sich der Ehrfurcht vor dem Leben verschreiben, aber, wie Schweitzer richtig erkennt, zum Mitleid der Tat schafft er es nicht. Der Buddhist betrachtet die gesamte Schöpfung als schlecht, und seine einzige Reaktion ist die völlige Abkehr von ihr.

Auch die christliche Weltanschauung ist weit davon entfernt, die Welt und den Menschen in naiver Weise als gut einzuschätzen. Jesus klopft dem Menschen nicht auf die Schulter und sagt: „Du bist schon in Ordnung.“ Er hält uns den Spiegel vor, und wer hineinschaut, der weiß, dass wir seinen Ansprüchen niemals gerecht werden können. Aber ebendiese Erkenntnis, dass die Welt nicht so ist, wie sie sein sollte, soll uns zum Handeln motivieren. Passivität ist für Jesus keine Antwort. Mit den Worten Schweitzers: „Schwimme mutig und recht!, sagt er zu mir. Frage nicht, wohin du damit auf dem unendlichen Ozean gelangen wirst. Es ist mein Wille, dass du schwimmst."

Handeln oder Nichthandeln, das ist hier die Frage:
Ob's edler im Gemüt, die Pfeil und Schleudern
Des wütenden Geschicks erdulden, oder,
Sich waffnend gegen eine See von Plagen,
Durch Widerstand sie enden.

Den Kennern unter Ihnen ist es bereits aufgefallen: Ich habe den berühmten Monolog aus Shakespeares *Hamlet* hier leicht abgewandelt. Aber ist es nicht erstaunlich, wie einfach das war? Hamlets Tragödie besteht ja gerade darin, dass er sich nicht zum Handeln entschließen kann. Ob er sich diese Eigenschaft in Wittenberg angeeignet hat, von wo er zu Beginn des Stücks zurückkehrt, bleibt der Interpretation vorbehalten. In jedem Fall wird hier der enge Zusammenhang zwischen Sein und Handeln bzw. zwischen Nichtsein und Nichthandeln deutlich; Hamlet benennt den existenziellen Scheideweg, vor dem wir alle stehen.

In Abwandlung der Erkenntnis eines weiteren großen Geistes möchte ich Ihnen daher zum Abschluss folgendes Motto mit auf den Weg geben: Ich handle, also bin ich: *Agio, ergo sum.*

Selbstverständlich sollte dem Handeln stets das Denken vorgeschaltet sein. Allerdings möchte ich dazu anregen, auch das Denken als einen Handlungsakt zu begreifen. Unser Gehirn arbeitet unentwegt, auch wenn man es bei dem einen oder anderen nicht vermuten würde. Wirkliches Nachdenken aber ist etwas, zu dem man sich durchringen muss. Es erfordert Zeit, Energie und vor allem Mut.

Diesen Mut wünsche ich Ihnen. Hinterfragen Sie scheinbare Tatsachen, misstrauen Sie dem allgemein Anerkannten. Merken Sie sich: Der Wahrheitsgehalt einer Aussage hängt nicht von der Gesinnung des Sprechenden ab. Und wenn Ihnen jemand sagt: „Du sollst nicht atmen" – dann hauchen Sie freundlich zurück.

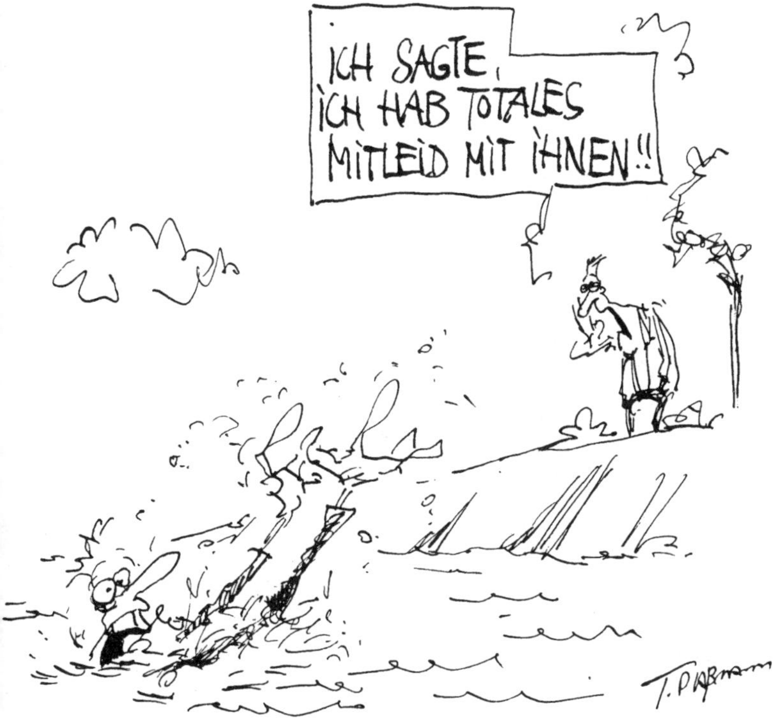
ICH SAGTE, ICH HAB TOTALES MITLEID MIT IHNEN!!

Über den Zeichner

Thomas Plaßmann

Jahrgang 1960. Studium der Geschichte und Germanistik in Essen und Ausbildung zum Tischler. Freiberuflich Karikaturist/Cartoonist und Illustrator. Politischer Karikaturist der Frankfurter Rundschau, NRZ und Berliner Zeitung. Unter anderem ausgezeichnet mit der „Spitzen Feder" des Bundesverbandes der Deutschen Zeitungsverleger und dem Deutschen Preis für Politische Karikatur.

Über den Autor

Sebastian Moll

Jahrgang 1980. Studium der evangelischen Theologie in Bonn, Lausanne und Edinburgh. Promotion an der University of Edinburgh, Stipendium des Arts and Humanities Research Council. Seit 2008 wissenschaftlicher Mitarbeiter an der Ev.-Theologischen Fakultät der Universität Mainz. Autor mehrerer Bücher.

Inspiration.
Das adeo Magazin.

- Gespräche mit Autoren und Künstlern
- Leseproben aus neuen Büchern
- Erscheint zweimal im Jahr und ist kostenlos erhältlich

adeo – ein Programm, das zum Durchatmen einlädt, zum Innehalten, zum Nachdenken und zum Genießen. Echtes. Authentisches. All das finden Sie im adeo Magazin. Es erscheint zweimal im Jahr, ist kostenfrei und liefert Ihnen eine Fülle von Inspiration in Form von Hintergrundberichten, Autoren- und Künstlergesprächen oder Buchauszügen.

Fragen Sie Ihren Buchhändler danach, oder fordern Sie das Magazin einfach gratis an:
www.adeo-verlag.de/magazin

Verlagsgruppe Random House FSC®N001967
Das für dieses Buch verwendete FSC®-zertifizierte Papier
EOS liefert Salzer, St. Pölten

© 2013 by adeo Verlag
in der Gerth Medien GmbH, Asslar
Verlagsgruppe Random House GmbH, München

1. Auflage 2013
Bestell-Nr. 814205
ISBN 978-3-942208-05-5

Umschlaggestaltung: Gute Botschafter GmbH, Haltern am See
Illustrationen: Thomas Plaßmann, Essen
Satz: Greiner & Reichel GmbH, Köln
Druck: GGP Media GmbH, Pößneck

Printed in Germany